林輝煌　楊海燕　李　婧

著

中國的社會體制

歷史與國際比較

U0061881

商務印書館

責任編輯：陶思潛
裝幀設計：佚　名
排　　版：欣　妍
責任校對：趙會明
印　　務：龍寶祺

中國的社會體制 —— 歷史與國際比較

作　　者：林輝煌　楊海燕　李　婧

出　　版：商務印書館 (香港) 有限公司
　　　　　香港筲箕灣耀興道 3 號東滙廣場 8 樓
　　　　　http://www.commercialpress.com.hk

發　　行：香港聯合書刊物流有限公司
　　　　　香港新界荃灣德士古道 220-248 號荃灣工業中心 16 樓

印　　刷：嘉昱有限公司
　　　　　香港九龍新蒲崗大有街 26-28 號天虹大廈 7 字樓

版　　次：2023 年 10 月第 1 版第 1 次印刷
　　　　　© 2023 商務印書館 (香港) 有限公司
　　　　　ISBN 978 962 07 6711 1
　　　　　Printed in Hong Kong

目　錄

序言

　　2006 年，十六屆六中全會要求「推進經濟體制、政治體制、文化體制、社會體制改革和創新」，「社會體制」這個說法在中央層面被首次提出，且與「經濟體制」、「政治體制」、「文化體制」並列。第二年，十七大報告提出「推進社會體制改革」。2012 年，十八大報告進一步提出「加快推動社會體制改革」這個戰略任務，並首次系統闡述了社會體制改革的基本框架。近年來，不同的學者分別從「社會關係模式」[1]、「制度安排」[2]、「民眾組織化與社會服務社會化」[3]、「社會權利保護」[4] 等多個角度探討了社會體制的概念。既有的討論更多地聚焦於政策和制度建構，我們認為在建構良善的政策和制度之前，還需要回到「社會體制」的底層理論，還原中國模式中的「國家與社會關係」。

　　對於中國模式或中國經驗的討論，一般都集中於經濟領域中的「發展模式」和政治領域中的「黨政模式」，對於中國「社會模式」的

1　丁元竹，江汛清 . 新中國 70 年社會體制變遷研究 [J]. 江海學刊，2019(5): 14-20；丁元竹 . 當代中國社會體制的改革與創新 [J]. 開放導報，2012(3): 19-25.

2　何增科 . 中國社會管理體制改革路綫圖 [M]. 北京：國家行政學院出版社，2009: 14；洪大用 . 深化社會體制改革　推進和諧社會建設 —— 代「中國社會體制改革 30 年筆談」主持辭 [J]. 甘肅社會科學，2008(5): 1-2.

3　徐永祥 . 社會體制改革與和諧社會建構 [J]. 學習與探索，2005(6): 20-24.

4　龔維斌 . 社會體制的溯源及其內涵 [J]. 中國行政管理，2013(10): 70-73.

專門研究並不多，而且往往依附於對「政治模式」和「經濟模式」的討論。但是從實踐層面來看，中國社會正處於劇烈的轉型之中，社會問題會不斷產生，亟需對轉型中的中國社會運行邏輯、國家社會互動機制展開深度的研究，並在此基礎上提煉出一套具有理論解釋力和實踐指導性的社會學框架。基於這樣的理由，我們認為開展中國社會體制，即中國國家—社會關係模式的研究，具有重大的理論和現實意義。

本書希望能夠從以下四個方面闡釋中國社會體制的研究路徑：

首先，本書將梳理有關中國國家—社會關係的相關研究，並將其概括為三種類型：第一類研究討論中國是否存在獨立自主的社會，第二類研究討論的是國家與社會的強弱及相互間的對立關係，第三類研究討論的是國家與社會之間的互動與合作。我們將在既有研究中找到三個有啟發性的理論資源，為後續構建新的理論框架 ——「權力譜系社會學」做好準備。

其次，本書將在上述研究的基礎上嘗試建構「權力譜系社會學」的理論框架，其基本觀點包括：第一，國家、社會是成分組合關係而不是二元對立關係；第二，國家、社會是互動互構關係；第三，國家、社會是譜系漸變關係而不是平面均質關係；第四，權力譜系中的國家、社會成分具有流動性，因此社會體制具有彈性；第五，權力譜系不抽象討論國家與社會，而是聚焦於社會體制中各類融合了國家—社會屬性的權力主體，例如家庭、家族、基層自治組織、社會組織、政府等；第六，權力譜系中的各個主體除了具備國家屬性和社會屬性之外，還具有自身的主體屬性，社會體制本質上是各類利益主體之間的權力博弈與組合。

再次，本書將從「權力譜系社會學」的理論視角出發，結合中

國的經驗，探討社會體制的實踐結構。我們把社會體制的實踐結構分解為四種：第一種是「組織形態」，探討的是「社會如何被組織起來」的問題；第二種是「參與形態」，探討的是「社會如何將意見表達出來」的問題；第三種是「治理形態」，探討的是「社會如何與國家互動」的問題；第四種是「政策形態」，探討的是「保護社會的制度如何具體落實」的問題。

最後，本書將對比其他國家和地區的國家—社會關係，以便於更好地把握中國社會體制的特性與共性。為了使比較更具有針對性，我們準備了四組參照對象。第一組是東亞國家，第二組是歐美國家，第三組是前蘇聯東歐國家，最後一組是其他發展中國家，包括印度、拉美國家和非洲國家。我們希望了解中國的社會體制模式在多大程度上具有獨特性，以及在哪些層面能夠給其他國家提供有意義的啟示。

本書希望在兩個層面上有所突破。一方面，通過將社會體制的實踐結構操作化，確保有關國家—社會關係的討論不至於停留在過於抽象的理論爭議或過於具體的政策設計，而能夠在中觀機制上把握中國國家—社會關係的脈絡。另一方面，在中國經驗的基礎上，參照其他國家和地區的經驗，我們嘗試構建一套「權力譜系社會學」的理論框架；在這個理論框架中，我們將呈現中國國家—社會複雜的嵌合關係與譜系變化關係，以及在這些複雜關係支配下的中國社會轉型與發展邏輯。

本書將在歷史比較和國際比較的基礎上，運用權力譜系社會學的理論框架，分別對中國的「組織形態」、「參與形態」、「治理形態」和「政策形態」展開深度研究。由於社會體制的內容非常龐大複雜，我們將主要採用案例研究方式，而不會事無巨細、面面俱到地鋪

陳。在「組織形態」部分，我們將以社會組織的發展作為案例，考察社會自我組織化的經驗和困境。在「參與形態」方面，我們將以社會運動作為案例，中國近年來在基層治理、生態環境等方面出現了一系列的社會運動，這是我們觀察中國社會參與的一個重要切入點。在「治理形態」方面，我們以城市基層治理作為案例，深入考察黨建引領下社區自治的運行邏輯。在「政策形態」方面，我們以養老政策為案例，這也是中國社會政策中國家和社會互動最密切的政策之一。

本書由林輝煌（華南理工大學公共政策研究院副院長、研究員）、楊海燕（澳門大學社會學博士）和李婧（華南理工大學公共政策研究院政策分析師）共同完成。

中國國家和社會的關係

一、國家—社會的強弱關係

　　學界關於中國國家—社會關係的研究大致可以分為三類：第一類研究討論中國存不存在獨立自主的社會；第二類研究認為中國存在獨立自主的社會，討論的是國家與社會的強弱及相互間的對立關係；第三類研究也認為中國存在獨立自主的社會，但討論的是國家與社會之間的互動與合作。下面將分別介紹這三類研究的基本情況，並嘗試找出具有啟發性的理論資源。

　　關於中國是否存在獨立自主的社會這一命題，既有研究呈現兩種截然不同的觀點。第一種觀點認為，傳統中國由於皇權不下縣[1]，鄉村存在一個文化同質、相對獨立的「士紳社會」[2]，擁有自主的社會空間[3]；即使在新中國成立後被認為國家滲透最劇烈的前三十年，鄉村依然存在類似於「蜂窩結構」（Honeycomb structure）的社會，對國家的滲透時時採取直接或迂迴的抵抗[4]。第二種觀點認為，中國並

1　費孝通先生認為中國鄉村的治理是一種「無為政治」，即縣以下的整個秩序由受過教育的鄉紳、長老負責治理。參見費孝通. 鄉土中國 [M]. 北京：生活‧讀書‧新知三聯書店，2013:73-85.

2　Hsiao Kung-chuan, 1960, Rural China: Imperial Control in the Nineteenth Century. Seattle: University of Washington Press.

3　王先明，常書紅. 晚清保甲制的歷史演變與鄉村權力結構 —— 國家與社會在鄉村社會控制中的關係變化 [J]. 史學月刊，2000(5): 130-138; 杜贊奇. 文化、權力與國家—1900-1942 年的華北農村 [M]. 南京：江蘇人民出版社，1996.

4　Vivienne Shue. The Reach of the State: Sketches of the Chinese Body Politics. Stanford University Press, 1988.

沒有獨立的社會，在傳統時代因為治水的需要，執政者禁止一切非政府性質的社會團體，形成所謂的「東方專制主義」[5]；即使傳統時代有屬於社會的空間，在新中國成立後，這些社會空間也被黨和國家通過各種「全能主義」佔領了[6]，國家吞噬了社會[7]，重建了社會秩序[8]，成功地把繁複的鄉村共同體轉變成單一的官僚細胞[9]，形成所謂的「集權主義國家」。實際上，這兩種觀點雖然看起來相互對立，但都暗含着同一種預設，即理想的國家構造應當包含有獨立的、能與國家相抗衡的社會體系；如果沒有，那是因為國家過於強勢，致使社會沒有任何的自主空間。

因此，與其討論中國是否存在社會，還不如直接討論國家與社會的強弱。在國家和社會能力強弱的分析維度下，可以將國家—社會關係分為四種，即強國家與強社會、強國家與弱社會、弱國家與強社會、弱國家與弱社會[10]。在這個分類序列中，既有研究普遍認為中國處於「強國家與弱社會」的範疇[11]，即使不斷有新的解釋範式，

5　魏特夫 . 東方專制主義 [M]. 北京：中國社會科學出版社，1989.

6　鄒讜 . 二十世紀中國政治：從宏觀歷史與微觀歷史角度看 [M]. 香港：牛津大學出版社，1994: 142.

7　肖文明 . 超越集權主義模式：關於「前三十年」國家與社會關係的海外中國研究述評 [J]. 開放時代，2018(6): 207-223.

8　Franz Schurmann, *Ideology and Organization in Communist China*, University of California Press, 1969；傅高義 . 共產主義下的廣州：一個省會的規劃與政治 (1949-1968) [M]. 高申鵬譯 . 廣州：廣東人民出版社，2008.

9　Helen Siu, Agents and Victims in South China: Accomplices in Rural Revolution, New Haven and London: Yale University Press, 1989.

10　喬爾 · S · 米格代爾 . 強社會與弱國家：第三世界的國家社會關係及國家能力 [M]. 張長東譯 . 南京：江蘇人民出版社，2009: 37.

11　楊立華 . 建設強政府與強社會組成的強國家 —— 國家治理現代化的必然目標 [J]. 國家行政學院學報，2018(6): 57-62.

但是「國家中心」依然是用來研究中國最為合適的範式 [12]；正因如此，中國需要加強社會建設，扶持和培育強大的市民社會 [13]。

不論是討論中國有沒有社會，還是討論中國國家—社會關係的強弱，這兩種類型的研究都有一個共同的理論預設，即國家與社會是對立甚至對抗的關係。實際上，強國家與強社會並不矛盾，國家與社會之間並非零和博弈 [14]，因為強國家需要社會行為者的順從和擁護 [15]，而大社會的政治形式就是強國家 [16]，一個虛弱的社會必然無力支撐國家持久的強大 [17]，中國完全可以成為「強國家與強社會」[18]。

因此，國家與社會的關係並不必然是對立或對抗的，兩者之間在很大程度上是交織互構的。從長時段的歷史演變來看，中國的國家與社會是緊密纏結、相互塑造的既「二元」又「合一」的體系；在國家的正式體系和社會的非正式體系互動合一的過程中，形成了「第三領域」[19]。具體來說，在民法體系內，「第三領域」存在於以依法判決為主的官方法庭體系和以妥協為主的民間社會調解機制之

12 Bruce Gilley. Paradigms of Chinese Politics: kicking society back out. Journal of Contemporary China, 2011, 20(70): 517-533.
13 郁建興，呂明再. 治理：國家與市民社會關係理論的再出發 [J]. 求是學刊，2003(4): 34-39.
14 Peter B. Evans, Embedded Autonomy: States and Industrial Transformation. Princeton: Princeton University Press, 1995.
15 彼得‧古勒維奇. 艱難時世下的政治 [M]. 袁明旭，朱天飈譯. 長春：吉林出版集團有限責任公司，2009: 268.
16 Werner Bonefeld. Big society and political state. British Politics, 2015, 10(4): 413-428.
17 白平則. 強社會與強國家：中國國家與社會關係的重構 [M]. 北京：知識產權出版社，2013.
18 唐士其. 國家與社會的關係 [M]. 北京：北京大學出版社，1998: 282-284.
19 黃宗智. 重新思考「第三領域」：中國古今國家與社會的二元合一 [J]. 開放時代，2019(3): 12-36.

間，例如清代的鄉保體系，既要向縣令負責，也要向提名他的地方社區負責[20]；而到了改革開放以來，則出現了體制外整合或協調個體與個體，或個體與國家關係的「半官半民」的社團或個體協會[21]。可以認為，中國的治理體系自古以來都高度依賴國家與社會二元合一的「第三領域」，由此形成了簡約治理的歷史傳統[22]。在這個過程中，國家與社會互嵌互滲[23]，相互增權[24]，持續形塑、互為作用力與反作用力[25]，社會並非被動接受國家改造，同時也在不斷改變國家[26]。國家與社會互動互構的理論，尤其是「第三領域」理論，對於中國的國家—社會關係具有較好的解釋力。因此，本文在構建「權力譜系社會學」的理論框架時，將以「第三領域」為核心的國家與社會互動互構論作為重要的理論資源之一：國家與社會不僅合作，而且相互改造。

然而，國家和社會都不是鐵板一塊，國家與社會互動互構論作

20 PHILIP C. C. HUANG. Between Informal Mediation and Formal Adjudication: The Third Realm of Qing Justice. Modern China, 1993, 19, 3(April): 251-98; PHILIP C. C. HUANG. Civil Justice in China: Representation and Practice in the Qing. Stanford: Stanford University Press, 1996: 127-31.

21 王穎，折曉葉，孫炳耀 . 社會中間層 —— 改革與中國的社團組織 [M]. 北京 : 中國發展出版社，1993.

22 黃宗智 . 國家與村社的二元合一治理：華北與江南地區的百年回顧與展望 [J]. 開放時代，2019(2): 20-35.

23 周慶智 . 中國基層社會秩序變遷及其建構涵義 [J]. 華中師範大學學報（人文社會科學版），2018(1): 17-33.

24 陸軍，楊浩天 . 城市基層治理中的街道改革模式 —— 基於北京、成都、南京的比較 [J]. 治理研究，2019(4): 20-29.

25 施芸卿 . 一把尺子如何「量到底」：基層治理中的制度硬化 以一個城市更新試點項目為例 [J]. 社會，2019(2): 31-57.

26 趙文詞 . 五代美國社會學者對中國國家與社會關係的研究 [C]. 涂肇慶，林益民（主編）. 改革開放與中國社會：西方社會學文獻述評 [M]. 香港 : 牛津大學出版社，1999.

為整體的理論解釋沒有問題，一旦落腳於具體的時空範疇，則需要將「國家」和「社會」進一步具體化[27]。首先，「國家」是分層次的。根據「中央—地方—社會」的三層分析框架[28]，「國家」至少可以分為中央層面的國家和地方層面的國家，這兩者的治理目標和行為邏輯有很大的區別，它們與社會的互動機制也不相同。其次，「社會」是分區域的。根據「行動單位與區域差異」的理論，村莊社會結構及其區域差異是由農民行動單位決定的，華南地區、華北地區、長江流域地區具有明顯的區域差異[29]。本文在建構「權力譜系社會學」的理論框架時，將「國家社會的三層分析」以及「行動單位與區域差異」作為第二種重要的理論資源：國家與社會的互動互構是分層面、分區域的，具有明顯的時空秩序[30]。

國家與社會的互動互構不僅具有區域差異的屬性，而且在權力構造上具有差序格局的屬性。差序格局最早是用來解釋中國社會

---

27 米格達爾認為，不應將國家視為單一整體，而應對國家進行分解分析，不應只關注國家的上層領導與組織，同時也需要關注邊緣地帶的國家與社會的互動；事實上，社會內部也存在各種各樣的鬥爭。（參見喬爾‧S‧米格達爾．強社會與弱國家：第三世界的國家社會關係及國家能力 [M]．張長東等譯．南京：江蘇人民出版社，2009: 33.）

28 賀雪峰．國家與農民關係的三層分析 —— 以農民上訪為問題意識之來源 [J]．天津社會科學，2011(4): 68-72.

29 賀雪峰．南北中國：中國農村區域差異研究 [M]．北京：社會科學文獻出版社，2017；桂華，賀雪峰．再論中國農村區域差異 —— 一個農村研究的中層理論建構 [J]．開放時代，2013(4): 157-171；賀雪峰．論中國農村的區域差異 —— 村莊社會結構的視角 [J]．開放時代，2012(10): 108-129；賀雪峰．村治的邏輯：農民行動單位的視角 [M]．北京：中國社會科學出版社，2009；賀雪峰．行動單位與農民行動邏輯的特徵 [J]．中州學刊，2006(5): 129-133；羅興佐．農民行動單位與村莊類型 [J]．中國農村觀察，2006(3): 54-59.

30 國家與社會關係在不同的時段與不同的區域都可能存在差異。（參見肖文明．超越集權主義模式：關於「前三十年」國家與社會關係的海外中國研究述評 [J]．開放時代，2018(6): 207-223.）

圍繞核心家庭所形成的親疏遠近的結構，離核心家庭越近，關係越親密，倫理責任的要求越高[31]。將差序格局理論遷移到國家社會關係的研究中，是為了揭示這樣一種現象，即距離國家權力核心越近，能夠分享到的權力就越大，政治色彩越濃厚，從而形成「內部多元主義」的中國權力秩序[32]。與此相對應的是「外部多元主義」，描述的是西方國家由不同黨派、利益集團相互競爭所形成的權力秩序。用「內部多元主義」理論來解釋中國的國家—社會關係，可以在社會與國家之間建立一個權力連續譜，從而展現其內在的複雜性與動態演化[33]。因此，本文在建構「權力譜系社會學」的理論框架時，將「內部多元主義」作為第三種重要的理論資源：國家與社會的互動互構是漸變的，具有明顯的差序格局。

31　費孝通 . 鄉土中國 生育制度 [M]. 北京：北京大學出版社，1998.

32　鄭永年較早提出「內部多元主義」理論，并用來解釋中國的知識生產和權力中心距離的關係：距離權力中心越近，智庫也更容易被權力俘獲，從而減損其獨立性。（參見鄭永年 . 內部多元主義與中國新型智庫建設 [M]. 北京：東方出版社，2016.）。類似地，徐勇提出了「內核 - 邊層結構論」，用以解釋中國的政治體制。（參見徐勇 . 內核 - 邊層：可控的放權式改革 —— 對中國改革的政治學解讀 [C]. 徐勇 . 鄉村治理與中國政治 [M]. 北京：中國社會出版社，2003.

33　後現代權力理論，進一步將國家和權力去中心化的和碎片化乃至虛構的，他們把社會及國家各自的行動理解為靈活的、反應性的，因而至少部分地是偶然的，非預定的。他們主張把國家看成非統一的組織體系，國家的各個部分「嵌入」社會的情況都是差異性的，其中心部分和邊緣部分同社會的各個羣體互動，并呈現不同的形態、特質、速度和結果（參見張靜 . 政治社會學及其主要研究方向 [J]. 社會學研究，1998(3): 17-25.）。因此，國家與社會的關係不再是一些平行，而是像電影一樣將種種可能的關係連接為一個連續的拓撲空間。正是在這樣一個連續的拓撲空間中，人們所關注的事件才不是孤立的事件，而是一個事件鏈，一組「關係 / 事件」（參見 Deleuze, G. 1990, "The Logic of Sense", Columbia University Press; Deleuze, G. and F. Guttrati 1980/1987, "A Thousand Plateaus: Capitalism and Schizophrenia", Minnesota）。本文讚賞後現代權力理論對於國家和社會關係的解構，但是不認同將權力視為去中心化和碎片化的無組織狀態。

在上述三種理論資源的基礎上，本文嘗試建構一種「權力譜系社會學」的理論框架，重新理解中國的國家—社會關係。在這個理論框架中，國家與社會並非決然對立，從社會到國家是一個在橫向上不斷分化、縱向上逐漸強化的權力譜系[34]。從這個意義上講，並沒有純粹的國家或社會，一方面國家和社會具有時空分化的屬性，另一方面，國家與社會是相互嵌套的關係，國家中有社會的成分，而社會中有國家的成分。在這個權力譜系裏，我們也可以假定存在兩個相對的權力體，一個是純粹國家，權力高度集中在行政機構手中，不對社會的任何訴求作出回應；一個是純粹社會，權力高度分散在社會共同體手中，不對國家的任何訴求作出回應；當然，實際上並不存在這樣的純粹社會和純粹國家，只有處於這兩者之間的權力漸變譜系；越靠近理想的純粹社會一端，社會的成分越多國家的成分越少，越靠近理想的純粹國家一端，社會的成分越少國家的成分越多，整體來說是一個「從非正式到半正式再到正式的連續體」[35]，國家與社會之間接近於「無縫對接」[36]。因此，當我們討論國家—社會關係時，不僅僅是在討論兩個主體之間的關係，更是討論一個權力譜系不同環節中國家與社會兩種成分的關係；前者是傳統政治社會學的研究內容，而後者則是權力譜系社會學的研究內容。所謂權力譜系，是指不同成分的權力組合的連續譜。研究社會體制中的權力譜系，我們稱之為權力譜系社會學。

---

34 梁治平. 習慣法、社會與國家 [C]. 張靜. 國家與社會 [M]. 杭州：浙江人民出版社，1998；溝口雄三. 中國與日本「公」「私」觀念之比較 [J]. 二十一世紀，1994 年 2 月。

35 黃宗智. 重新思考「第三領域」：中國古今國家與社會的二元合一 [J]. 開放時代，2019(3): 12-36.

36 周黎安. 如何認識中國？—— 對話黃宗智先生 [J]. 開放時代，2019(3): 37-63.

二、權力譜系社會學的六個觀點

權力譜系社會學的第一個觀點是，國家與社會是成分組合關係。既有的國家—社會關係研究可以概括為兩種主要的範式，一種是「二元對立」範式，一種是「二元互構」範式。所謂「二元對立」，是指國家與社會作為兩種獨立的實體相互排斥和對抗，兩者此消彼長，國家強勢則意味着社會弱勢，反之亦然。「二元互構」範式認為，在國家與社會這兩個實體之間，存在着互動合作的空間，甚至合力構造出了同時含有國家力量和社會力量的「第三領域」。應該說，「二元互構論」相較於「二元對立論」更能解釋中國的社會體制。本質上講，「二元互構」範式與「二元對立」範式依然共享着同一種分析框架，即國家與社會是兩個獨立的實體，只是「二元對立」範式認為這兩個實體短兵相接、互不相容，而「二元互構」範式認為這兩個實體不是直接對接的關係，而是通過一個半正式結構來實現相互的合作。然而，社會體制的真實結構可能要更為複雜。我們認為，社會體制與其說是「二元對立」或「二元互構」，不如說是國家、社會及其他成分的組合。換言之，在村莊治理的場域中，包含了不同比例的國家成分、社會成分以及半正式結構的成分，他們相互作用、相互組合、相互構造，共同完成社會治理的事務。從這個意義上講，並沒有純粹的國家或社會，只有不同比例的國家（官僚）成分、社會（私人）成分及其他成分的組合結構。

權力譜系社會學的第二個觀點是，國家、社會及其他成分不僅僅是比例組合的關係，更是互動互構的關係。在中國，不僅社會為國家所改造，而且國家本身也深受社會的影響[37]，國家和社會的關係是逐漸重塑對方的過程[38]。換言之，權力譜系社會學不只是一門研究國家與社會如何組合的權力物理學，更是一門研究國家與社會如何相互構造的權力化學。國家成分與社會成分的化學反應，主要體現在兩個層面，第一個層面是國家改造社會，以及社會改造國家。本質上講，國家對社會的改造，就是將社會對個人的多樣化約束，轉變為國家對個人的統一化約束，實現「國家面前，人人平等」。國家對社會的改造容易理解，那甚麼是社會對國家的改造呢？按照權力譜系社會學的觀點，國家—社會關係不是從國家到社會的單向作用力，而是國家—社會之間的雙向作用力[39]。在國家不斷進行社會改造的同時，社會也在不斷嘗試對國家進行改造，例如現在的國家機構不斷納入之前主要是由社會開展的糾紛解決調解機制，例如鄉鎮政府下屬的法律服務所，由工商部門指導的消費者協會，以及由公安部門和法院進行的調解等[40]。國家成分與社會成分的化學反應，第二個層面的體現更為複雜，即國家為改造社會而自我改造，以及社會為改造國家而自我改造。很多時候，國家對社會的改造並不會那

37　Madsen, Richard, 1984, "Morality and Power in a Chinese Village", CA: University of California Press.

38　Shue, Vivienne, 1988, "The Reach of the State: Sketches of the Chinese Body Politics", Stanford University Press .

39　甘陽.「民間社會」概念批判 [C]. 張靜. 國家與社會 [M]. 杭州：浙江人民出版社，1998: 28-29.

40　黃宗智. 重新思考「第三領域」：中國古今國家與社會的二元合一 [J]. 開放時代，2019(3): 12-36.

麼順利，特別是在社會結構比較強勢而國家力量又不夠充足的情況下，或者是雖然國家有能力強行改造社會但是改造成本極大，這個時候，國家往往會採取迂迴推進的策略，先按照社會的訴求在一定程度上進行自我改造，使得國家的力量更容易進入社會。隨着國家能力的強化，社會要改造國家的難度越來越大，因此很多時候只能先按照國家的訴求進行自我改造，「偽裝」成國家希望看到的樣子，然後再在後續的互動中嘗試改造國家。整體來說，國家與社會的互動互構從來都沒有停止過，而且演化出各種複雜的博弈策略，最終呈現在世人面前的就不是純粹的國家和社會，而是社會化的國家和國家化的社會。

權力譜系社會學的第三個觀點是，國家、社會及其他成分的組合是譜系漸變的關係，而不是平面均質的關係。換言之，「從國家到社會是一個連續的光譜」[41]。我們認為社會體制在不同層級、不同空間的成分組合是很不相同的，呈現譜系漸變的典型特徵。所謂的譜系漸變，是指社會體制中的成分組合比例及其互動互構關係在不同層級、不同空間的變化體系，這些變化本身具有一定的規律性。從層級來看，大致可以分為村民小組、行政村、鄉鎮、縣、市、省、中央等七個層級，每個層級的治理結構都包含有國家、社會及其他成分的組合，而這些成分的組合比例及互動互構關係具有明顯的差異。概而言之，國家和社會成分在不同層級的治理結構中呈現出如下的譜系漸變規律：從村民小組到中央，社會成分逐漸縮小，國家成分逐漸增強，兩者的交叉點落在村莊治理層級上。從空間來看，按照南中北的區域劃分，我們可以分為華南地區、長江流域地區和

41　周黎安. 如何認識中國？——對話黃宗智先生 [J]. 開放時代，2019(3): 37-63.

華北地區，每個區域的治理結構還可以按照層級進一步劃分。概言之，華南地區的社會成分最高，國家成分最低，宗族力量仍然以結構化或背景化的機制在村莊治理中發揮作用，而村民的國家認同度很低；華北地區的社會成分和國家成分都比較高，雖然沒有籠罩性的宗族結構，但是小親族也發揮着社會整合的作用，同時，國家的力量可以比較容易地滲透到村莊之中；長江流域地區的社會成分最低，而國家成分最高，因為村莊沒有結構化的社會力量，呈現高度原子化的狀態，社會自身的整合能力很弱，而國家力量則可以一竿子插到底，直面農民的日常生活。

權力譜系社會學的第四個觀點是，國家成分和社會成分及其組合與互構，具有明顯的流變性，換言之，權力譜系本身具有彈性。國家—社會關係的權力譜系漸變不僅僅體現在縱向的層級上，以及橫向的區域上，同時也體現在時間的維度上，從這個意義上講，權力譜系具有層級性、空間性和時間性等多維結構。從歷史經驗來看，權力譜系的彈性機制具有如下規律：首先，國家向社會滲透的意願越強，國家成分往往越明顯，換言之，權力譜系的彈性與國家意志本身有關。從長時段來看，國家的滲透意願是逐步增強的，這也是國家現代化的基本訴求。但是國家的滲透意願能否真正提升國家成分，還取決於國家能力的強弱。一般來說，國家能力越強，治理中的國家成分就越明顯，這是彈性機制的第二條規律。國家能力越強，越容易對社會進行滲透和改造，滲透和改造的意願也比較強。當然，也會有例外的情況，比如在國家能力還比較弱的時候，國家也可能有比較強的社會滲透意願，其結果只能是更多地依賴地方社會勢力來完成國家滲透任務，容易導致基層政權建設的內捲化。而在國家能力比較強的時候，也有可能主動弱化社會滲透意

願，更多發揮地方社會勢力的作用來完成國家的治理任務，同時國家把主要資源用於其他領域，比如經濟建設。第三條規律是，市場化程度越高，治理中的社會成分就越弱。市場化的後果之一是人口流動和觀念變遷，人與人之間的社會關聯逐漸弱化，治理體系所能依賴的社會力量也就隨之弱化了。總結來說，權力譜系的彈性機制具有客觀性和主觀性。一方面，隨着現代化和市場化的浸染，國家能力不斷強化，而傳統的社會整合能力則不斷弱化，從而在客觀上推動了治理體系朝向國家成分增強、社會成分減弱的方向。另一方面，國家也會根據不同歷史時期的發展目標和治理任務來主動調整治理體系中的國家成分，因此，即使國家能力不斷強化，治理體系中的國家成分也可能弱化。

權力譜系社會學的第五個觀點是，不能只是抽象討論國家與社會，更要聚焦於權力譜系中各種融合了國家—社會成分的權力主體。第一種權力主體是家庭，具有明顯的社會成分，甚至在很大程度上講，家庭幾乎是「社會自治的」。然而，從治理體系的角度來看，家庭同樣具有國家成分。例如國家法律對於婚姻、繼承、子女撫養、老人贍養等都有明確的規定，家庭已然不是絕對的自治主體，而具有鮮明的國家成分。第二種權力主體是家族，隨着經濟社會發展，家族的結構和功能近乎瓦解，但是在華南地區依然發揮着重要作用。雖然家族的社會屬性非常明顯，但是從治理體系的角度來看，同樣具有國家成分。例如各種宗族理事會的設立和運行，一般都需要政府的認可和授權，甚至是政府為了完成某項治理工作而動員成立的。換言之，家族在很大程度上已經成為政府治理體系中的一個組成部分。第三種權力主體是村級治理組織，包括村委會、黨支部、經濟合作社（或股份社）等。村級治理組織是社會成分與

國家成分交織最為緊密的權力主體，這些主體來源於村莊社會，同時擁有國家的授權[42]。具體來說，黨支部具有更強的國家色彩（廣義的國家），而村委會和經濟合作社則具有更強的社會色彩，它們相互嵌套在一起共同完成治理任務。第四種權力主體是各級黨政機構，包括黨委、政府及所屬部門。顯然，這類權力主體具有極強的國家成分，但是也在不同程度上吸納了社會成分，例如招募臨時性的社會輔助人員，通過購買社會服務將大量的政府工作外包給社會和市場組織，將社會組織人員安置在政府相關部門協助工作等。第五類權力主體是社會組織和經濟組織，總體而言，它們的社會成分比較明顯，但是隨着社會體制改革的推進，它們通過政府購買服務和行政職能轉移也開始承擔政府的相應職能，而且，黨的基層建制也開始進駐到這些組織當中。只有具體研究各類權力主體中的國家成分與社會成分，而不是抽象討論治理體系中的國家和社會，我們才能真正進入複雜的治理體系，真正理解國家、社會及其豐富的博弈機制。

權力譜系社會學的第六個觀點是，各個權力主體除了具有國家屬性和社會屬性之外，同時也具有自身的主體屬性。實際上，權力譜系的基礎是利益譜系，是複雜利益關係的政治呈現。換言之，治理者的行動不僅僅考慮國家和社會的要求，更考慮自我利益的實現，這些自我利益包括經濟收入、社會地位、政治地位、自我價值

---

42 村委會制度的最初建立，實際上是要解決當時一些地方村莊「組織不健全，甚至無人負責，處於癱瘓、半癱瘓狀態」的問題。（參見應星. 農戶、集體與國家：國家與農民關係的六十年變遷 [M]. 北京：中國社會科學出版社，2014: 68.）

感等[43]。在一些時候，治理者作為代理人獲得的利益與其自我利益的訴求相一致，那麼治理行為就不存在內在的張力。然而更多的時候，這些利益之間充滿了分歧。第一種分歧是，治理者的自我利益訴求與社會利益一致，但是與國家利益不一致；第二種分歧是，治理者的自我利益訴求與國家利益一致，但是與社會利益不一致；第三種分歧是，治理者的自我利益訴求與國家利益和社會利益都不一致。實際上，如果將權力譜系社會學的第五個觀點納進來考慮，情況會更為複雜。「國家的內部組成之間有着很大的分裂，社會的內部也有着很大的分裂，這些分裂的要素根據具體的情景形成了各種不同實力的聯合」[44]。首先，治理者內部本身就可能存在利益分歧，比如村莊治理者中的黨支部、村委會、經濟合作社並不一定總是能夠達成共識；其次，社會內部的利益也是分化的，比如不同家族之間就可能存在利益衝突；最後，國家內部的利益也是分化的，比如政府和黨委之間、地方政府和中央政府之間、不同層級的地方政府之間、不同部門之間等都可能存在利益分歧。由此可見，權力譜系並非簡單地國家—社會關係，而是具體的國家—具體的社會—具體的治理者之間複雜的利益博弈關係。

43　村幹部擔當着國家在地方的代理人角色，并為自己所生活的社區謀福利，同時也利用手中的資源去滿足自己的私欲和獲取各種公共資源。（參見 Shue, Vivienne, *The Reach of the State: Sketches of the Chinese Body Politics*, Stanford: Stanford University Press, 1988.）

44　Migdal Joel, Kohli Autl, and Shue Vivienne, *State Power and Social Forces: Domination and Transformation in The Third World*, New York: Cambridge University Press, 1994 .

三、社會體制的實踐結構

國家—社會關係是社會體制的內核，而接下來我們將探討社會體制的外延，即社會體制具體的實踐結構。所謂實踐結構，是指某種體制或制度在運行實踐中所呈現出來的結構。這個實踐結構具有以下特徵：不是體制或制度的所有內容都會在實踐中有所體現；在實踐中有所體現的內容會有不同的權重；時空條件是影響實踐結構的重要因素。從這個意義上講，當我們探討社會體制的實踐結構，並不追求面面俱到和事無巨細的呈現，而是希望根據權力譜系社會學的理論框架，選取最能說明問題的實踐形態。據此，我們將社會體制的實踐結構分解為「組織形態」、「參與形態」、「治理形態」和「政策形態」四個部分，並嘗試在此基礎上概括出中國社會體制的主要特徵。

考察社會體制的實踐結構，首要的就是看社會的組織形態，亦即，社會是如何組織起來的。社會並不是簡單的人與人的組合，而是一套組織化的體系，未經組織的個體只能稱為「人羣」而不是「社會」。因此，組織形態是對社會的首要定位，是社會體制最基本的實踐結構。通過考察組織的形態，我們就能夠把握一個社會基本的屬性。根據組織主體的不同，我們可以將社會的組織形態分為「自然的社會自組織」、「自覺的社會自組織」和「國家對社會的組織」三種類型。「自然的社會自組織」是指自發形成的基於血緣、地緣

的自組織，比如宗族、自然村落，主要依靠內生的規範在小羣體內部進行自我組織。「自覺的社會自組織」是指基於共同目標而成立的組織，最典型的就是當下的社會組織、行業協會、宗教組織，主要依靠自身的章程制度及國家相關法律政策進行一部分人羣的自我組織。「國家對社會的組織」是指國家通過制度建設將各類人羣納入管理服務的政權體系，比如各級行政組織，主要依靠國家的法律政策進行組織管理。根據權力譜系社會學的理論框架，三類社會的組織形態都含有國家和社會的成分而且互動互構，即使是「自然的社會自組織」也會受到國家法律政策的制約，而「自覺的社會自組織」和「國家對社會的組織」更是國家和社會相互塑造的後果。從譜系變化的角度來看，從「自然的社會自組織」到「自覺的社會自組織」再到「國家對社會的組織」，國家的成分越來越多而社會的成分越來越少，隨着時間的推移，無論哪種組織形態中的國家成分也越來越多，體現了國家在組織社會的統籌意願和能力不斷強化。從主體角度來看，社會組織化的過程中，隨着國家統籌意願和能力的強化，地方政府和社會尋求自身利益的彈性空間正在逐漸變小。總體來看，當前中國社會體制在社會組織形態的核心特徵是國家（尤其是中央層面）進行組織統籌的意願和能力較強而且不斷強化，有利於「集中精力辦大事」；風險在於，國家成分的強化可能導致社會組織體制的剛性化，不利於社會需求的表達，有可能影響社會的積極性和認同度並反過來削弱國家自身的組織能力。

社會體制中的「參與形態」，探討的是「社會如何將意見表達出來」。社會的組織化程度，某種意義上講就取決於社會參與的程度。如果沒有社會自身的積極參與，社會的組織化要麼無法開展，要麼只能以強力進行組織，其結果往往是不可持續的。按照不同的

標準，社會參與至少可以有兩種分類方式。第一種是按照參與的內容，分為「參與社會的自我管理」和「參與社會和國家的互動互構」；前者屬於社會自治的範疇，國家介入程度非常低，比如參與紅白喜事的社會網絡，參與宗族的儀式活動，參與社區的管理，等等；後者則具有一定的政治功能，通過參與將社會的利益訴求與國家的權力資源進行對接，比如參與民主選舉，參與社會運動，參與政府管理，等等。第二種是按照參與的主動性，分為「實質上的參與」和「形式上的參與」；前者是社會主動、有效的參與，社會的真實需求得以充分表達和落實；後者是社會被動、無效的參與，社會的真實需求要麼無法充分表達，要麼表達之後無法落實。與「組織形態」及後面將要講到的「治理形態」相比，「參與形態」具有鮮明的程序意義和門檻效應，只有先參與進去，才有可能發揮組織與治理的功能。因此，從權力譜系社會學的理論框架來看，「參與形態」不僅僅具有社會屬性，而且受制於國家對於「社會參與」的制度規範，即使是「參與社會的自我管理」，也可能因為社會自主管理的失控而引入國家干預，例如近年來的移風易俗運動。從譜系變化的角度來看，社會參與的公共性越大，國家介入的色彩就越明顯，而隨着時間的推移，國家介入社會參與的廣度和深度都在強化。從主體角度來看，隨着國家介入的強化，社會參與的自主空間正逐步縮窄。中國的社會參與向來受到國家既定議程的約束，有利於促進社會和國家保持意識形態的一致性，維護社會的整體穩定。但是過於剛性的國家約束有可能造成兩個消極後果，一是社會參與式微，導致社會的組織和治理成本劇增；二是社會參與失真，導致國家與社會的脫節進而影響國家的合法性。

　　社會體制中的「治理形態」，探討的是「社會如何與國家互動

互構」。「參與形態」強調的是社會進入這個互動互構空間的可能性，而「治理形態」強調的是社會進入這個空間後如何開展與國家的互動互構。根據國家與社會的距離及互動的緊密程度（暫且將距離越近、緊密程度越高的狀態描述為「正式」程度越高），我們可以將「治理形態」分為「非正式治理」、「半正式治理」、「正式治理」。「非正式治理」是指在自治化程度很高的狀態下國家與社會的互動互構，這種情況下的國家成分往往是隱匿的，只有在社會自身治理失敗時，國家才介入，比如農村中的人情往來。「半正式治理」是指國家和社會同時藉助第三方組織進行互動互構，也就是黃宗智所講的「第三領域」，這個第三方組織同時具有國家成分、社會成分以及自身的利益成分，通過它，國家和社會的對接有一個緩衝空間，能夠儘可能避免衝突的產生。「半正式治理」廣泛存在於中國的基層治理，村委會、居委會是典型的治理載體。「正式治理」是指國家和社會之間直接的互動互構，一般存在於行政管理領域，國家要求社會大眾按照相關規定辦事，社會則要求國家對大眾的需求作出更多的回應，雙方一旦出現不一致，就容易產生衝突。從權力譜系社會學的理論框架來看，「治理形態」是國家與社會兩種成分互動互構最典型的形態，尤其是其中的「半正式治理」。大量的「非正式治理」和「正式治理」事務最終都會通過轉化為「半正式治理」來獲得解決。在「半正式治理」的載體中，我們可以觀察到國家對社會的改造、社會對國家的改造，以及國家通過自我改造來改造社會、社會通過自我改造來改造國家，這些互動互構的結果是國家與社會的深度嵌合，使得治理能夠以較低的成本、較高的效益展開。從譜系變化的角度來看，從「非正式治理」到「正式治理」，國家的成分逐漸彰顯，國家與社會互動的彈性逐漸減弱；隨着國家權力的

不斷下滲，「非正式治理」和「半正式治理」中的國家成分日益強化，整個治理形態正不斷地走向「正式化」。因此，無論是社會，還是基層組織，其主體利益訴求的空間也隨之逐漸縮窄。多層次的治理形態尤其是「半正式治理」，使得國家與社會能夠在充分的互動互構中彼此融合，有助於提升治理的有效性與合法性。風險有兩個方面，一是國家權力的過度下滲將導致整個治理形態的剛性化，治理的成本與衝突的頻率將大大增加，這是目前正在發生的；二是國家的過度撤出將導致整個治理形態的軟性化，治理可能陷入癱瘓或黑社會化。難點就在於如何把握國家權力滲透的力度。

社會體制中的「政策形態」，探討的是「保護社會的制度如何具體落實」。前面講的「組織形態」「參與形態」和「治理形態」，具有強烈的「行動」色彩，即社會本身如何做：如何組織起來，如何表達意見，如何與國家互動互構。「政策形態」則更多地從制度層面展開，討論的是社會保護的制度框架。因此，我們對於社會體制的觀察研究，實際上是從兩個層面展開的，一是探討社會的行動結構，二是探討社會的制度結構，制度往往是行動的後果，當然，很多時候行動也是制度的後果。保護社會的政策形態有非常豐富的內容，其中最主要的包括養老政策、教育政策、醫療政策、住房政策等。從權力譜系社會學的理論框架來看，這些社會政策都包含了國家和社會的成分，即國家和社會的共同支撐起整個社會政策體系。在中國，社會承擔了大量的政策責任，更多的國家資源用來支持經濟建設被認為是正當的，因此在相當長的一段時期，中國的社會政策始終處於較低的保障水平。以養老政策為例，中國家庭到目前依然是養老保障的核心力量，「養兒防老」在很多農村還是人們深信不疑的觀念。從譜系變化的角度來看，不同人羣享受的社會政策是

不一樣的，從農民到城市居民再到政府工作人員，社會政策中的國家成分逐漸增多。當然，隨着國家權力的不斷下滲，社會政策中的國家成分日益強化，農村的社會保障水平不斷提升。從利益主體來看，家庭的福利功能隨着國家權力的滲透而逐漸式微，家庭權威也開始弱化，而國家的福利功能則顯得日益重要。長期以來對社會責任的強調，使得中國的社會政策具有一個明顯的優勢，即國家在發展階段可以投入更多的資源進行基礎設施建設和經濟建設，為中國的國際競爭創造了很好的比較優勢。當然，這種社會政策的弊端也很明顯，人們的社會保障程度一直處於較低的水平，導致家庭在面對各種風險時顯得非常脆弱。當然，近年來國家介入社會政策的力度不斷提升，人們的社會保障逐漸變好，但是也要警惕社會福利的棘輪效應，過高過快提升社會保障水平，必然導致國家負擔的加重，不利於經濟社會的轉型發展。

四、國際間的社會體制比較

　　為了更好理解中國的社會體制，這部分我們將選取四組國家作為參照對象進行比較。這四組國家分別是東亞國家、歐美國家、前蘇聯東歐國家和其他發展中國家。需要指出的是，這裏的比較主要側重於國家—社會關係的整體面向和關鍵特徵，不會面面俱到。當然，更細緻的比較我們將在後續的系列研究中逐漸展開。

　　第一組是東亞國家，因為與中國共享儒家文化的歷史，而且在發展模式上被認為具有很大的相似性，我們希望了解中國的社會體制在多大程度上可以歸屬於「東亞模式」。從既有的研究來看，東亞國家的國家—社會關係存在很多相似的地方。例如「家國一體」的文化認同，強調倫理秩序、家國同構，家是小國、國是大家，國家制度往往體現「父愛」主義；例如對家庭的強調和依賴，以家庭為中心的宗法觀念和「孝悌」觀念在東亞社會中仍然具有廣泛影響，國家的社會保障制度更多地強調以家庭為單位，依賴家庭來維繫代際間的撫養和贍養責任；例如差序格局在東亞社會普遍存在，人與人之間的關係具有典型的血緣倫理秩序，人們在面臨困難的時候首先是尋求家庭成員和宗族的救濟 [45]。我們可以具體看看日本和

45　謝瓊 . 從東西方比較看東亞國家社會保障的同質性 [J]. 中國人民大學學報，2012(2): 25-31.

新加坡的社會保障制度。日本從 1980 年代開始對社會保障制度進行改革，降低社會保障支付水平，大幅度減輕國庫負擔，而家庭承擔的保障責任得到進一步強化[46]。新加坡社會保障制度由中央公積金制度和社會福利制度構成，中央公積金被稱為「退休基金社會主義」，是一項由政府權威保證實施的強制性的、完全積累式的長期儲蓄計劃；社會福利制度中最主要的一項是住房保障，到 1980 年代中期，新加坡已經有 80% 的居民入住政府建造的組屋。新加坡的中央公積金制度建立在個人完全積累基礎上，而社會福利制度則是由政府財政支持；政府一方面通過國家力量照顧低收入階層，另一方面則強調個人和家庭的責任，避免人民對政府的過分依賴[47]。與東亞其他國家相似，中國社會體制深受「家國一體」的文化影響，在社會保障上同樣強調個人和家庭的責任。從這個意義上講，中國的社會體制與東亞國家共享非常類似的一套文化，國家與社會的關係更強調互融互構而不是對立對抗。

　　第二組是歐美國家，因為在政治體制、經濟體制、文化體制等方面與中國的巨大差異，歐美國家作為「西方」的代表向來是中國研究的比照對象，我們希望了解中國的社會體制是否在本質上異於「西方」，以及這種差異在多大程度上可以構成一種「替代性的方案」，無論是在實踐層面還是理論層面。首先需要指出的是，雖然同為「西方」，歐洲和美國的差別很大，而歐洲各個國家也不盡相同。例如在社會政策方面，歐洲更強調國家在福利國家中的作用，

46 鄭秉文，史寒冰．東亞國家和地區社會保障制度的特徵 —— 國際比較的角度 [J]. 太平洋學報，2001(3): 81-89.
47 鄭秉文，史寒冰．東亞國家和地區社會保障制度的特徵 —— 國際比較的角度 [J]. 太平洋學報，2001(3): 81-89.

而美國則更強調個人責任和市場的作用,而中國則介乎兩者之間 [48]。在歐洲內部,雖然福利制度分成不同的模式,但是國家的財政責任都受到普遍的重視 [49],進而形成了較大規模的債務危機 [50]。似乎在歐洲的國家—社會關係中,我們看到更多國家的身影,實際上社會力量也發揮着巨大作用。例如,德國的養老保障最具特色之處就在於社會機制的廣泛滲透及突出作用,其養老保障制度非常重視單位之間、個人之間、國際之間的互助合作 [51],而且養老保險主要實行自治管理 [52]。美國似乎呈現出與歐洲相反的特徵,即學者們常說的「弱國家、強社會」。在社會保障制度上,個人和市場的作用更重要,而國家在公益性支出方面存在明顯的不足,導致非正規就業中的臨時工、農業僱工、家庭僱工及收入達不到一定水平的自僱者缺乏社會保險 [53]。為了維護自身的利益,美國社會擅長於自我組織化,通過各種社會運動來與政府博弈、伸張訴求和爭取權益 [54]。表面看起來,美國是個典型的「弱國家」,「社會作用高於國家⋯⋯,民間自治高

48 張威. 國家模式及其對社會政策和社會工作的影響分析 —— 以中國、德國和美國為例 [J]. 社會工作,2016(3): 33-46.

49 沈汐. 從開放協調到經濟治理:嬗變中的歐洲福利國家和社會政策一體化過程分析 [J]. 社會保障研究,2017(5): 103-112.

50 廖承紅,張士斌. 社會養老保障的困境及出路 —— 歐洲債務危機國家的啓示 [J]. 人民論壇,2012(26): 242-243.

51 John Dixon. Social Security in Global Perspective [M]. Westport: Praeger, 1999, p54.

52 霍爾斯特·杰格爾. 社會保險入門 [M]. 劉翠霄譯. 北京:中國法制出版社,2000: 16.

53 科林·古列恩等. 全球養老保障 —— 改革與發展 [M]. 楊燕綏等譯. 北京:中國勞動社會保障出版社,2002: 567.

54 科內莉婭·布特勒·弗蘿拉,莫尼卡·伊莎貝爾·本迪尼,杜梅. 全球化和市場、國家及市民社會關係的變化 —— 對阿根廷巴塔哥尼亞和美國艾奧瓦州的比較分析 [J]. 國際社會科學雜志(中文版),2014(3): 131-143.

於國家指導」[55]。實際上並非如此,「美國國家在很多領域能夠表現出遠勝威權國家的國家能力」[56],「它不但試圖建構政治體內部市民社會與公共權力當局之間的關係,而且也試圖建構市民社會中諸多關鍵的關係」[57]。之所以對美國產生「弱國家、強社會」的理論敍述,是因為學者們一直以來「以歐洲大陸現代國家的標準來衡量美國的國家建構」[58],在這種標準之下,學者們自然無法在美國發現歐洲式的國家,即使它一直在以自己的方式不斷擴張自己的權力。從這個意義上講,歐洲與美國在國家社會關係上的區別不是國家與社會的強弱程度和對立程度,而是國家與社會互動互構模式的差異。如果這一點成立的話,中國的社會體制實際上也是另一種國家—社會互動互構模式,與所謂的「西方模式」並非本質上的區別。

第三組是前蘇聯東歐國家,因為曾經與中國共享同一套政治經濟發展模式,前蘇東國家一直被視為中國的「前車之鑒」,我們希望了解「社會主義」在多大程度上重構了中國的社會體制,以及這樣的社會體制是否能夠幫助中國走出蘇東國家的命運。作為社會主義國家的老大哥,蘇聯最先探索如何在一個不發達的國家開展社會主義建設,其中核心的問題就是如何通過實行國家所有制改造社會體制。按照列寧的理論,國家所有制應該包含兩個層面的內容:

---

55 William J. Novak, The Myth of the Weak American State, The American Historical Review, Vol. 113, No. 3, Jun 2008, p754

56 Desmond King, Robert C. Lieberman, Ironies of State Building: A Comparative Perspective on the American State, World Politics, Vol. 61, No. 3, July, 2009. p547

57 Alfred Stepan, The State and Society: Peru in Comparative Perspective, Princeton University Press, 1978, p. vii.

58 William J. Novak, The Myth of the Weak American State, The American Historical Review, Vol. 113, No. 3 Jun. 2008, p.761-762

首先是生產資料的國有化,「剝奪資本家,把全體公民變為一個大『辛迪加』,即整個國家的工作人員和職員,並使整個辛迪加的全部工作完全服從真正民主的國家,即工兵代表蘇維埃的國家。」[59] 其次是生產資料事實上的社會化,「只有作為法律行為或政治行為的剝奪,遠不能解決問題,因為需要的是在事實上鏟除地主和資本家,在事實上用另一種由工人對工廠和田莊的管理來代替他們。」[60] 亦即,生產資料的國有化不能僅僅停留在政治體制層面,更需要進一步轉化為社會體制,使社會真正成為生產資料的佔有者。然而,蘇聯的社會主義實踐顯然背離了列寧的理論,其國家所有制始終停留在國家統管一切,形成一個脫離羣眾的龐大的官僚化管理機構,社會在生產和分配中幾乎沒有話語權[61]。結果,「個人的面目完全被抹殺了,國家完全吞噬了個人和社會」[62],而這被認為是蘇聯解體的根源[63]。有趣的是,蘇聯並非一開始就解體,而是持續了幾十年。從某種意義上講,蘇聯模式在一段時間內是與俄國的政治經濟文化傳統(沙皇專制的歷史、經濟落後、社會自主性弱)和特殊國際環境(冷戰)有關,但是隨着經濟現代化和社會民主化的提高,「極權化」的蘇聯模式則難以持續[64]。對於東歐來說,蘇聯模式從一開始就不具有適應性。東歐農民土地私有的歷史由來已久,不像蘇聯農民有村社

59 《列寧全集》第 25 卷第 456 頁。
60 《列寧選集》第 8 卷第 639 頁。
61 吳仁彰. 列寧論蘇聯社會主義國家所有制 [J]. 世界歷史,1984(2): 32-40.
62 安德蘭尼克·米格拉尼揚. 俄羅斯現代化與公民社會 [M]. 北京:新華出版社,2003: 4.
63 張威.「強大國家」與「弱小社會」:蘇聯解體新探 [J]. 蘭州學刊,2008(2): 151-153.
64 孔寒冰,項佐濤. 蘇聯模式的特徵及其與社會主義國家改革的關係 [J]. 探索與爭鳴,2009(9): 21-26.

傳統，「在蘇聯，蘇維埃積極分子在村社代表大會上可以用一票就把整個村社集體化，而在東歐，積極分子必須每村每戶甚至逐一去做每個人的工作，耗時費力，還未必有結果」[65]。因此，雖然同在社會主義大本營，東歐國家很早就開始探索自己的發展模式。跟完全國有化的蘇聯模式不同，中國的社會主義建設一開始就探索「國家所有＋集體所有」的公有制模式，農村的土地和生產資料基本上都掌握在農民集體手中，在某種程度上實現了列寧關於生產資料社會化的設想。因此，雖然國家權力下滲的程度非常高，但是基層社會依然有迴旋的空間，國家與社會的互動互構能夠在高度組織化的結構中持續進行。從這個意義上講，我們認為中國的社會體制應該能夠將中國帶出蘇東解體的陰影。

最後一組是其他發展中國家，包括印度、拉美國家和非洲國家，作為後發國家，它們的發展和中國一樣受制於由發達國家主導的全球政治經濟體系，我們希望了解中國的社會體制模式在多大程度上能夠給其他後發國家提供有意義的啟示。十四億多的人口、高速增長的經濟、民主的政體，這些特點使印度經常被拿來和中國做比較。從社會體制來看，印度的複雜性要遠遠超過中國，較弱的中央權力下面是形態各異的地方政府，而種姓制度、宗教制度、民族制度和文化制度的多元性在很大程度上導致印度地方社會的碎片化，國家與社會的互動互構宛如一幅斑斕的圖像。再加上新自由主義的影響，市場向傳統的社會領域擴張，不同的公民社會成員與

---

65 劉凡 . 東歐農業集體化與東歐國家社會穩定問題淺議 [J]. 俄羅斯學刊，2016(6): 17-24.

市場和國家的不同權力機構形成了不同的關係[66]，同時，國家正逐漸削弱在社會保障和關鍵基本需求方面的責任，社會的階層化與貧困化日益嚴峻[67]。走上民主化道路的拉美，普遍採取「政府社會化」的執政路線，一方面高度強調政府的社會發展職能，另一方面積極回應各階層選民的利益訴求以贏取認同和支持。在這種背景下，各種土著人組織、「草根運動」組織、非政府組織紛紛出現並日益活躍，政治影響力不斷擴大。例如，厄瓜多爾的印第安人運動不僅迫使總統下台，也是科雷亞總統贏得 2006 年大選和上台執政的重要支持力量[68]。社會運動在拉美政治轉型中發揮的作用越來越大，實際上也折射出拉美社會體制中的深層次困境。首先是龐大的無地人口，導致了愈演愈烈的無地農民運動[69]；其次是激進城市化造成大量的貧困人口，貧民窟的饑荒與犯罪已成為拉美社會的惡疾[70]；最後是脆弱的中產階級，拉美中產階級非常不穩定，容易跌入貧困階層，因此也經常參加各種社會運動和暴亂[71]。1980 年代的債務危機發生後，拉美普遍採取新自由主義改革，一方面推動了新一輪的民

66 吳曉黎 . 國家、公民社會與市場：以印度教育領域為例 [J]. 廣西民族大學學報（哲學社會科學版），2008(1): 43-48.

67 巴爾溫德·辛格·提瓦納，帕拉吉特·辛格，童珊 . 印度民族國家、社會服務市場化及民生不穩定 [J]. 海派經濟學，2014(4): 165-181.

68 謝文澤 . 城市化率達到 50% 以後：拉美國家的經濟、社會和政治轉型 [N]. 企業家日報，2014-10-12(W03).

69 江時學 . 論拉美國家的社會問題 [J]. 國際問題研究，2011(1): 52-58.

70 楊建民 . 公民社會與拉美國家政治轉型研究 [J]. 拉丁美洲研究，2012(3): 3-9.

71 林華 . 拉美國家的社會治理能力：來自社會階層結構變動的挑戰 [J]. 現代國際關係，2018(2): 41-47.

主化進程[72]，另一方面則進一步惡化了底層社會的處境[73]。非洲國家顯然具有多樣性，但是「基本的信仰、政治、法律和經濟安排與結構均極為相似」[74]。在前殖民時期，大多數非洲社會主要存在兩種形態，一種是「無國家社會」(Stateless Societies)，另一種是「酋邦」(Chiefdoms)[75]，呈現以宗族等血緣羣體為核心的社會組織方式、較低的權力集中程度以及碎片化的社會分佈形態[76]。這種社會形態使得歐洲殖民者「無力通過自己的集權化的機構來施加他們的有效的生存策略和社會控制」[77]，只能選擇利用非洲社會的本土權威實行「間接統治」。間接統治重塑了非洲的治理形態，導致酋長的權力迅速擴張、地方精英與社會迅速分離[78]，以及非洲社會進一步的碎片化。這些問題使得後殖民時期非洲的國家建設變得更加困難，儘管嘗試了各種政治制度形式，卻不能改變非洲政治制度化水平低下的現實，真正起作用的依然是非正式的規則[79]。整體來說，受制於民族、

---

72 謝文澤. 城市化率達到 50% 以後：拉美國家的經濟、社會和政治轉型 [N]. 企業家日報，2014-10-12(W03).

73 鄭春榮. 城鎮化中的社會保障制度建設：來自拉美國家的教訓 [J]. 南方經濟，2015(4): 93-105；袁東振. 可治理性與社會凝聚：拉美國家的經驗 [J]. 拉丁美洲研究，2009(S1): 52-62.

74 George Ayittey, Indigenous African Institutions, Transnational Publishers Inc., 2006, p.20

75 George Ayittey, Indigenous African Institutions, Transnational Publishers Inc., 2006, p.105-142

76 閆健. 本土社會與外來國家：非洲國家構建的社會邏輯 [J]. 馬克思主義與現實，2017(4): 158-167

77 米格代爾. 強社會與弱國家：第三世界的國家社會關係及國家能力 [M]. 張長東，朱海雷等譯. 南京：江蘇人民出版社, 2009: 131.

78 Mahmood Mamdani, Citizen and Subject: Contemporary Africa and the Legacy of Late Colonialism, p.119

79 Goran Hyden, African Politics in Comparative Perspective, Cambridge University Press, p.2006

宗教和殖民統治的長期影響，很多後發國家都面臨着社會碎片化和國家能力不足的問題。中國的社會體制能夠提供的啟示也許就在於，國家能力建設應當比社會的民主化先行一步，從而確保社會體制不至於隨着民主化的到來陷入更進一步的碎片化而無法自拔。

五、結論

　　從權力譜系社會學的理論框架出發，我們認為中國的社會體制具有自身的特點，但是與其他國家並不構成本質性的區別。換言之，我們更願意用國家─社會之間的成分比例和互動互構程度以及權力譜系的遠近來界定一個國家的社會體制，而不是從政治體制、意識形態、文化結構等因素來探討社會體制的本質性差異。雖然政治體制、意識形態和文化結構在客觀上會影響社會體制的形態，但是它們屬於「原因的原因」，可以作為影響因素進行探討。我們需要回到國家─社會關係的本源問題來分析不同國家社會體制的差異，而不是通過武斷的性質判斷而將不同國家模式化和對立化，這樣並不利於我們真正理解其他國家的社會體制，也無助於我們理解自己。因此，從權力譜系社會學的角度出發，強調的是程度的差異而不是性質的差異，只有程度的差異才有可能進行相互比較和理解。當然，如果程度的差異極大，確實有可能被歸為不同的模式，但是這並不影響我們進行客觀的量化的比較分析。

　　按照權力譜系社會學的理論，國家─社會關係是譜系變化的，這就意味着同一個國家不同層面、同一個國家不同時期、不同國家之間的國家─社會關係是不同的，而且是可以變化的。例如，中國的社會體制隨着國家權力的不斷下滲正日益變得剛性化，社會的自主參與、自我組織化有可能被削弱，並進而影響國家對社會的動員

能力。當然，這一變化並非不可逆，國家—社會關係完全有可能通過調整變得更加柔性化，畢竟主導這一變化結構的利益主體比較單一，且國家具有絕對的話語權。如果主導國家—社會關係的利益主體非常多元，尤其是在各種利益集團盤根錯節的情況下，國家—社會關係的改變就會變得比較困難。

從這個意義上講，中國的社會體制就具有世界意義。不是說中國的社會體制是最完美的，需要全世界都來學習，而是說中國社會體制中的國家—社會關係在多大程度上匹配中國的現實需求，這一點對於其他國家具有啟發意義。第一，有助於理解所謂的「中國奇跡」，國家—社會的高度互構以及國家對社會資源的統籌配置可能是中國快速發展的一個重要原因，但是這個體制優勢有可能因為國家權力的不斷下滲導致社會體制的剛性化而逐漸弱化。第二，有助於其他發展中國家理解自身的發展優勢和困境，特別是在全球化和民主化的衝擊下，廣大發展中國家往往面臨國家—社會互構程度低甚至相互分離對立的局面，國家缺乏有效的資源統籌和動員能力。第三，有助於發達民主國家理解自身的發展優勢和困境，特別是在多元社會中利益集團盤根錯節的結構下，國家的進一步發展往往面臨諸多掣肘。不同力量的掣肘和對立不一定是糟糕的，我們需要的是一種有效的平衡機制。無論是國家、社會還是其他具體的利益主體，哪一方過於強勢而其他主體沒有迴旋的空間，都不利於社會利益的切實保護和國家的長遠發展。這也許是運用權力譜系社會學的理論框架觀察各國社會體制的一個基本立場。

第二章

中國的社會如何被組織起來

一、引言

　　國家與社會關係是社會學和政治學研究領域中的一項重要命題。一般來講，國家與社會關係包含國家對社會的治理以及社會的自治兩個方面的內容，本質上都涉及社會的組織形態。從社會的組織形態來看，可分為「自上而下」、「自下而上」、「上下合作」三種社會組織化模式。「自上而下」的社會組織化模式中，國家與社會關係表現為強國家與弱社會，由國家主導社會。這種模式下產生的社會組織具有明顯的行政化運作特點。「自下而上」的社會組織化模式中，國家與社會關係表現為「弱國家與強社會」，權利分散在社會組織中，國家難以控制社會。這種模式下產生的社會組織具有相對獨立的運作特點。，「上下結合」的社會組織化模式中，國家與社會之間協作共治，表現為「強國家與強社會」，國家與社會之間為非零和博弈關係。

　　從歷史的維度來看，中國的國家和社會關係經歷了不斷的演變過程。新中國成立後至改革開放前，國家與社會形成了國家極強、社會極弱的模式。國家運用行政權力將社會組織起來，以進行社會資源的統籌，用於新中國的發展建設。在這種模式下，社會被納入行政體系框架中，缺乏自治空間，被稱之為「總體性社會」結構形態。改革開放以後，國家極強的模式逐漸被打破，社會結構向分化性社會轉變，社會出現了越來越多的自治空間。國家與社會的關係

由一元模式轉變為多元模式，呈現出多層級、多條塊和多元化的社會組織特徵。隨着國家逐步放鬆對社會資源的控制，社會組織高速發展並逐漸成為社會治理的主體，其重要性也日益顯現。作為社會關係的重要主體之一，社會組織是社會主導的社會組織化載體，社會的成分較為顯著，其發展情況在一定程度上反映了國家與社會的關係，因而本文將以社會組織為中心進一步分析中國社會的組織形態。

社會組織是一種區別於國家、政府、企業的組織形態，又稱「非政府組織」、「非營利組織」或「民間組織」等。西方國家與社會的關係強調的是一種二元對立關係，早期，學者們常採用西方「國家與社會」的關係範式來研究中國的社會組織。在社會學領域中，「社會中心主義」和「國家中心主義」是國家與社會二元對立關係的延伸。「社會中心主義」強調的是國家鑲嵌於社會，如阿爾蒙德提出的「結構功能主義」。洛克提出「社會先於國家」理論並認為「政府權力是一種對公民權力的補充性、輔助性的存在」。與之相反，「國家中心主義」強調的是國家結構，如米格代爾等提出的「社會中的國家」理論，突出了國家與社會間的互動關係同樣，托克維爾的「分離制衡」理論也強調了國家權利與社會之間的對立關係。隨着學者對國家與社會關係的不斷深入研究，「多元主義」和「法團主義」的提出是對於社會組織如何形成「社會中心主義」或「國家中心主義」一種判斷，「多元主義」強調的是社會組織的獨立自主性，側重於社會組織與國家的對立抗衡機制。「法團主義」強調社會組織是作為連接國家與社會間的中介組織。早期，學界對於中國社會組織的研究常以「法團主義」為主要理論範式。

近年來，學者們逐漸發現運用西方模式難以闡釋中國社會組織

的本土化特徵。以黃宗智為代表的「第三領域」研究打破了國家和社會的二元對立論述，強調了國家與社會間的「互動、互補和互塑」過程。社會組織作為連接國家與社會間的「第三領域」，不斷萌發出新的本土式概念。康曉光和韓恆、江華等提出了「分類控制」和「利益契合」等概念，在「市民社會」和「法團主義」範式中融入了中國的本土化特徵，引出了「國家鑲嵌在社會中」的視角。而後，學者們又先後提出了「雙向嵌入」、「雙向賦權」等概念突出了中國國家與社會組織的互動關係。而唐文玉則認為「分類控制」或「利益契合」等概念都未能跳出西方「國家與社會」關係的研究範式，他認為在這種二元關係中，忽略了中國共產黨的特殊力量。同時，他強調「黨社關係」並非意圖取代「國社關係」，其目的是為了更突出中國特色。在中國的研究語境下，中國共產黨是不可忽視的因素。中國共產黨既充當了領導黨又充當了執政黨的角色，不僅是國家和政府的領導核心，還是中國社會組織的核心，所以分析國家和社會組織的關係必然會涉及到黨的核心作用。本文章將在國家與社會的互嵌互構關係的基礎上，對比東亞、歐美、前蘇聯東歐和其他發展中國家的社會組織，進一步探討政黨、政府與社會之間的三元模式，提煉出中國社會組織的獨特性。

二、中國社會組織的歷史與現狀

（一）社會組織的發展過程

中國社會組織的發展一定程度上取決於國家對社會的讓渡空間。自改革開放以來，中國的社會組織經歷了一個從無到有的飛速發展過程。

第一階段（改革開放至 20 世紀 90 年代）：社會組織的興起。改革開放初期，國家與社會的關係表現為社會國家化。由於體制的束縛，公民個人很難發起或參與社會組織，此時形成的社會組織具有很強的行政化體制色彩。但是在 1978 年改革開放後的十年左右，隨着國家對社會資源管控的放鬆，社會組織的數量呈現出「爆炸性」增長趨勢。截止 1989 年，全國性社團約為 1600 個，地方性社團約為 20 萬個。國家與社會的關係隨着社會組織的增長趨勢呈現出社會依附國家的關係：第一，參加社會團體的個體主要是由農民和知識分子組成。第二，增加的社會團體大多得到了國家中高層政黨的支持。第三，新增的基金會如「宋慶齡基金會」和「中國少年兒童基金會」等的發起人都具有特殊的身份或背景，且得到政府自上而下的支持。另外，1989 年，政府頒佈了《社會團體登記管理條例》並在 1998 年進行了重新修訂，此條例加強了對社會團體的登記管理，加強了國家權利對社會團體的管控。隨着市場經濟逐

漸走向成熟，政府對社會組織的管理逐漸走向規範，同時社會組織也注入了新的社會階層力量。

第二階段（20世紀90年代至21世紀初期）：社會組織的規範管理。在政治波動和經濟逐漸發展的背景下，政府對於社會組織的管理逐步走向成熟。在這一階段，社會組織先後經歷了幾次清理整頓。第一次為1990年國務院辦公廳轉發的《民政部關於清理整頓社會團體請示的通知》，第二次為1997年的《民政部關於清理整頓社會團體意見的通知》。兩次清理整頓明確了社會組織的制度構建。此後，黨的十六屆四中全會上首次提出「社會組織」這一概念。黨的十六屆四中全會提出「黨委領導、政府負責、社會協同、公眾參與」，將社會和公眾放在重要位置。據國家統計局數據顯示（圖1所示），2000年以來，社會組織單位數呈現出持續增長趨勢。截止2007年，註冊的社會組織數量為38.69萬家，較1999年的14.27萬增長了171%。這一階段總體形成了黨政引領社會的關係模式，雖然中國社會組織的獨立性並不明顯，但是其民間性與自主性逐漸顯

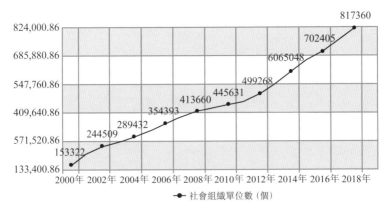

圖1：2000年以來社會組織單位數變化趨勢

數據來源：國家統計局 http://data.stats.gov.cn/

現。一方面，隨着社會與經濟協調發展逐漸變為黨和國家工作的重心，社會結構呈現多元化、複雜化的局面，社會組織的發展在一定程度上取決於自身的實踐。另一方面，隨着政社分離特徵的逐漸顯現，社會組織的獨立性逐漸增強。

第三階段（21 世紀初期至今）：社會組織的融合發展與協同治理。首先是各界精英的融入對社會組織的發展產生了巨大的推動力。隨着大規模的黨政機構改革和黨政官員下海，大批政治精英逐漸成為社會組織的重要力量；知識精英在相當大的程度上持續發揮着精神脊樑的作用；越來越多的經濟精英加入到社會組織中，為社會組織提供了大量的財政支持。其次是對社會組織的協同治理。邁入新時代，中國社會組織被賦予了新的定位與重任。黨的十八大報告明確提出要「加快形成政社分開、權責明確、依法自治的現代社會組織體制。」黨的十九大報告中先後五次提到社會組織並將其納入中國特色社會主義事業「五位一體」的總體佈局。黨的十九屆三中全會通過《中共中央關於深化黨和國家機構改革的決定》，提出「要推進社會組織改革。按照共建共治共享要求，完善黨委領導、政府負責、社會協同、公眾參與、法治保障的社會治理體制。加快實施政社分開，激發社會組織活力，克服社會組織行政化傾向」，對社會組織提出新的要求。

根據國家統計局發佈的數據顯示，2015 年，全國社會組織的數量為 66.24 萬個，社會組織職工人數共有 734.80 萬，其中女性職工數為 224.16 萬，佔比 30.5%。社會捐款物合計 659.7 億元，其中社會捐贈款 654.5 億元，各類社會組織社會捐贈款 610.3 億元，民政部門社會捐贈款 44.2 億元，社會捐贈其他物資折款 5.2 億元。截止 2018 年年底，全國社會組織的數量為 81.74 萬個，較 2015 年

增加了 15.47 萬個。其中，社會團體總數量為 36.62 萬個，民辦非企業單位數量為 44.41 萬個，基金會總數量為 7034 個，平均每萬人擁有的社會組織數量約為 5.8 個。從社會組織的分佈來看，華東地區社會組織總量為 33.20 萬個，數量最多。其次依次為華中地區 11.10 萬個，華南地區 10.71 萬個，西南地區 10.19 萬個，西北地區 7.42 萬個，東北地區 5.90 萬個，整體表現出「東強西弱」的格局。

　　聯合國將非政府組織定義為「在地方、國家或國際級別上組織起來的非營利性的、志願性的公民組織」。萊斯特‧薩拉蒙教授提出，非營利組織具有組織性、民間性、非營利性、自治性、和志願性。在中國，按照登記的類型，社會組織一般分為社會團體、基金會、民辦非企業單位三大類。圖 2 為 2000 年以來中國社會團體、基金會、民辦非企業單位數變化趨勢。如圖所示，社會團體和民辦非企業單位呈較快速的上升趨勢，而基金會的數量相對較少且呈增速緩慢。社會團體是由公民自願組成，包括行業性社團、學術性社

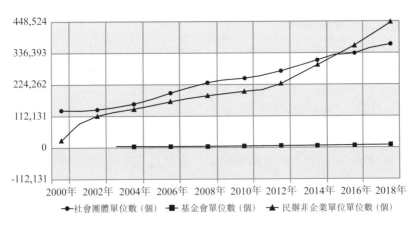

圖 2：2000 年以來社會團體、基金會、民辦非企業單位數變化趨勢

數據來源：國家統計局 http://data.stats.gov.cn/

團、專業性社團和聯合性社團等。基金會作為社會組織的一種制度形態，主要分為公募基金會和非公募基金會兩種，具有較為明顯的非政府性、非營利性、公益性以及基金信託的特徵。民辦非企業單位作為社會服務機構，內容涉及教育、衛生、文化、科技、服務等領域。另外，按照「社會影響」和「外部性」的功能視角，又可將社會組織分為公益服務類社會組織、政策倡導類社會組織、工商經濟類社會組織、政治參與類社會組織以及一般社會類社會組織。

（二）社會組織的功能

通常來講，社會組織的存在是為了彌補政府失靈及市場失靈。自改革開放以來，中國的社會組織發生了翻天覆地的變化，社會組織已遍佈各個領域。近年來黨和國家不斷強調社會組織提供公共服務、推動社會治理以及表達社會訴求的三大功能。黨的十七大提出要「發揮社會組織在擴大羣眾參與、反映羣眾訴求方面的積極作用，增強社會自治功能」。黨的十八大提出「要加大社會組織黨建工作力度」、「引導社會組織健康有序發展」。黨的十九大強調「構建政府為主導、企業為主體、社會組織和公眾共同參與的環境治理體系」。因而，在彌補政府失靈和市場失靈的基礎上，社會組織同時具有社會功能以及政治功能。

社會組織的社會功能和政治功能可通過「實踐」和「表達」兩種方式體現，通過與多元主體的合作獲取異質性資源，有助於充分發揮社會組織的優勢，更好的解決社會問題。通過「實踐」的方式，社會組織可以為社會提供公共服務並參與政府決策。十六大以來，政府職能轉向服務型政府，為社會組織提供了大量的空間。社會組

織通過搭建社會和政府之間的橋樑，不僅可以分擔政府的職能，讓政府了解社會需求，還可以使民眾的意見參與到社會政策的決策中。通過「表達」的方式，社會組織可以發揮話語權功能，表達社會訴求。社會組織的非政府性和非私人性的特點使其可以作為公共利益的表達者。改革開放以來，中國社會結構和利益格局發生了翻天覆地的變化，隨着社會活力的增強，社會矛盾衝突也隨之加大。社會組織作為組織化表達機制的載體，有效保障了多元利益羣體的權利，將「實踐」與「表達」結合起來，具有推動社會治理的功能。另外，源於社會組織具有相對獨立性，可充分發揮其政治議論和監督功能，有助於推動公民的政治參與。因此，社會組織不僅以治理形式充當公共服務提供者，而且在決策過程中成為利益相關者。

（三）社會組織的管理模式

與西方國家不同，中國社會組織的發展主要是源於自上而下的推動力。1949 年新中國成立以來，國家與社會「在政治上實行黨政合一和黨國合一，在經濟上把工商企業改造成國家控制，在社會生活中把所有民間組織全部納入官方範圍」。這一時期主要體現出了國家的「全能主義」，社會沒有自主性。改革開放以來，有學者將中國對社會組織的管理歸納為「分散管理→歸口管理→雙重管理→分類管理」的轉變。1978 年改革開放初期，政府在總體上表現為各自為政、分散管理的形式。隨着社會組織數量的不斷增多，國家逐漸呈現出「威權主義」的治理模式。為了保障國家的主導地位，中央逐步加大了對社會組織的管理力度，社會組織依然沒有自主性。黨的十四屆三中全會明確建立「小政府、大社會」的目標後，形成了

大量有官方背景的社會組織及草根民間組織。然而由於缺乏相應的管理體制，社會組織呈現出「外形化」趨勢。1998 年的《社會團體登記管理條例》、《民辦非企業單位登記管理暫行條例》和 2004 年的《基金會管理條例》標誌着「雙重管理體制」的形成。「雙重管理體制」包括「歸口登記」、「雙重負責」、「分級管理」和「非競爭性原則」，突出對社會組織「培育與監管並重」。然而，雙重管理制度的存在是社會組織擁有合法身份的一大困境，特別是對草根組織。

近年來，隨着中國社會從一元向多元結構的變遷，國家職能不斷向社會讓渡，中央層面不斷深化戰略部署，對社會組織進行制度化的治理與創新，形成了「上下結合」的治理路徑。從宏觀層面來看，一是中央層面「自上而下」不斷深化頂層設計。黨的十六屆四種全會提出要加強黨的執政能力建設，並加強和改進對各類社會組織的管理和監督。黨的十八大以來，中央提出關於全面深化改革的戰略部署，並為轉變政府職能、激發社會組織活力，提出改革社會組織管理制度。近年來，為貫徹落實黨中央的精神，各政府相關部門先後將改革社會組織管理制度納入系統性的政策文件中，形成了自上而下的改革推動。二是國家對於社會組織的法律制度保障在不斷完善。2013 年國務院辦公廳印發的《關於政府向社會力量購買服務的指導意見》，為社會組織提供了資金保障；2017 年《中華人民共和國民法總則》的實施進一步明確了社會組織的非營利法人類別；2018 年通過的《中共中央關於深化黨和國家機構改革的決定》，首次將社會組織納入到國家機構改革的體系中。三是地方政府「自下而上」的不斷創新。十八大以來，地方政府在改革中不斷創新並發揮了對中央政策的實踐功能，在實踐中形成了上海的社會公益購買服務計劃和廣州的社會公共服務等模式。

三、四種模式的社會組織比較

為了更好理解中國社會組織的性質與功能，接下來我們將通過國際比較，展現四種不同的社會組織模式，即自上而下的高強度組織模式、自下而上的高強度組織模式、自上而下與自下而上的合作組織模式、組織強度較低的模式。

（1）自上而下的高強度組織模式

蘇聯。蘇聯國家與社會的關係可歸納為「強大國家」與「弱小社會」的二元結構，社會組織難以生存。蘇聯時期在「新經濟」政策之後，逐漸加強了國家政權的控制力度。西方學者們一般用「極權主義」形容斯大林統治時期，「極權主義」即為國家對市民社會的壓制。以國家為中心的首要的任務是軍事化的進一步加強，大量社會組織被解散。以彼得格勒為例，1918-1920 年，社會組織數量由革命前的 500 個減少至 50 個。由於蘇聯把社會資源大量用於軍事力量的擴張，致使公民生活水平及經濟增長率連年下降。在蘇聯的社會中，所有不符合國家意志的個人利益都會被壓制，因此從 1970 年代起，蘇聯社會與國家的衝突對立不斷顯現出來。冷戰時期，隨着蘇聯民眾對西方社會了解的加深，他們對蘇聯的社會主義發展有所質疑，對國家治理有所不滿，進一步加劇了社會與國家的對立關

係。從蘇聯失敗的經驗來看，「強大國家」與「弱小社會」的二元對立關係是導致蘇聯解體的致命原因之一。蘇聯時期社會資源及其分配權都是由國家控制的，這種社會結構使得公民社會被國家吞沒，社會組織很難生存。而公民參與社會團體是受到國家控制的，甚至是被迫的，不能代表當時的社會或者是個人。因而，完全以「國家為中心」的高度集權的行政命令體制，激發了民族情緒和離心傾向，造成國家與社會的「脫嵌」。

俄羅斯。俄羅斯在蘇聯時期，非政府組織的數量較少，僅有幾十個，且受到蘇聯政府的嚴格控制。蘇聯解體後，俄羅斯的非政府組織在蘇聯各加盟共和國中數量、規模、影響上都居於前列，到了 21 世紀初，非政府組織數量已超過 40 萬個。俄羅斯轉型初期，受到西方新自由主義思潮的影響，實行「休克式療法」，國家逐步向市場化和民主化轉型。「休克式療法」致使國家權力被過度削弱，國家與社會之間出現失衡的功能性錯誤。葉利欽執政中後期，俄羅斯政治轉向「新權威主義」，社會思潮呈現出「中派化」，為藉助西方的力量完成經濟社會的轉型，俄羅斯一度放任非政府組織的發展。普京上任後，強調了國家的權威和作用，尤其是強化了中央政府的權利，在國家與社會的關係中構建國家主導的關係形態。與此同時，非政府組織雖然推動了俄羅斯社會經濟的發展，但是也顯現出對國家安全與穩定的負面影響。因而，2006 年 1 月 17 日頒佈的《非政府組織法》中加強了對非政府組織的法律規管，特別是接受外國資助的非政府組織。2011 年底及 2012 年初俄羅斯發生了多次大規模遊行集會，進一步引發普京政府對「革命」的擔憂，開始反對國外勢力資助俄羅斯非政府組織。俄羅斯政府認為非政府組織很容易受到西方思想的影響，導致公民反對俄羅斯政府，造成俄羅

斯利益的損失。因而 2012 年起，俄羅斯進一步出台了一系列重要法律，包括：《俄羅斯聯邦慈善活動和慈善組織法》、《非政府組織法》、《外國代理人法》等。總體來看，俄羅斯非政府組織類別豐富，包含領域寬廣，但其公民參與不足，且多受西方的資助，帶有較重的政治色彩。

（2）自下而上的高強度組織模式

美國。美國非政府組織的發展較為成熟，在數量、種類、規模及社會影響等方面都位於前列，非政府組織在聯邦、各州以及城市和社區之間都建立了相應的組織網絡，被稱為除政府和企業之外的第三部門（The Third Sector）。據 2017 年官方數據顯示，美國非政府組織數量約為 150 萬個，內容涉及選舉、外交政策、環保、醫療、經濟等諸多領域。歷史上，美國政府對非政府組織經歷了從「干預者」到「主導者」再到「監督者」的轉變，並逐步形成了「共生發展」模式。在傳統的社會治理中，美國政府與社會形成「小政府與大社會」的關係模式，基於聯邦政府的「有限政府」原則，社會組織得以自由發展。20 世紀 30 年代，隨着羅斯福「新政」的實施，傳統的「有限政府」模式被打破。政府作為「干預者」，通過稅收等政策，加大了對社會組織的規管能力。二戰後，美國逐步建立福利國家制度，政府對非政府組織的態度也隨之轉變為「主導者」。20 世紀 50 至 60 年代，隨着中產階級從城市向郊區流動以及傳統商業中心的沒落，聯邦政府向非政府組織購買服務的需求日益增多，促進了非政府組織規模及其專業化的發展。20 世紀 70 年代以後，政府對非政府組織的管理模式轉向以社區自治為重心，主要負責對非政府組

織進行監督。80 年代初，列根總統推行「自由市場」和「還政於民」的改革，政府開始從擴張政策轉向了全面收縮，非政府組織從數量和規模上都呈現上升趨勢。雖然政府減少了對非政府組織的資金支持，但是加大了對社會組織自主化、多元化創新的支持和鼓勵，推動了政府與社會組織之間平等的合作關係。21 世紀以來，美國政府與非政府組織之間形成合作互補關係。在監管方面，源於三權分立的制度構架以及聯邦制的國家結構形式，使得美國聯邦政府在社會治理中的角色較為薄弱。在社會層面，基於「個人主義」及「主權在民」的傳統，美國的非政府組織「自下而上」推動公民社會的發展，具有較高的自主權和自治權。

英國。英國的社會組織也被稱為「慈善組織」、「非營利組織」和「志願和社團組織」。英國非政府組織發展歷史悠久，組織形式繁多，且十分發達。截止 2018 年，在英格蘭和威爾士註冊的慈善機構數量約為 16.8 萬個。從歷史上的角度上來看，英國國家與社會的關係經歷了以社會為主體到以國家為主體再到多元化關係的轉變。19 世紀中期到福利國家建立以前為以社會為主體的階段。英國的社會組織緣起於對城市貧困和工人階級增多所引發的健康、住房及失業等問題的關注。此時，民間慈善組織、宗教組織、居民服務中心成為了社會工作的主要組成部分。此階段特點是以家庭為重點的社會力量充分參與到社會福利事業，國家的力量微弱。福利國家建設階段到戴卓爾政府之前為以國家為主體的階段，基於兩次世界大戰的背景，英國國家權力得以深入。隨着國家逐步介入到社會工作中，社會組織被政府吸納。此時，雖然社會組織的行政性和專業性得到提升但其民間性卻被削弱。此階段國家與社會的關係中國家的權力日益突顯，社會的力量變得薄弱。從戴卓爾政府改革開

始為多元化的社會福利政策階段，國家和社會共同作為社會福利的主體。20 世紀 90 年代初，英、美等西方國家興起了一種介於新自由主義與社會民主之間的新的政治思潮──「第三條道路」。1998年，英國首相貝理雅提出了「第三條道路」以尋求政府與社會組織之間的夥伴關係。2010 年，卡梅倫提出「大社會」計劃以扭轉「大政府」壟斷趨勢，主張「還政於民」，政府將公共職能下沉到社區和社會組織。目前，政府主要通過立法、登記、監督、支持等多方面對社會組織進行管理並逐漸形成「夥伴關係」，社會組織的民間性增強。總體來說，英國的社會組織兼具美國及歐洲的特點，但並不同於北歐民主型福利國家的治理理念，也不屬於美國自由至上的治理理念，而是基於「本土化」實踐經驗不斷完善的產物。

（3）自上而下與自下而上的合作模式

日本。日本社會組織主要分為非營利組織、非政府組織、地緣性社會組織三大類，領域涉及環境保護、國際援助、社會福利等，日本政府和民眾對於社會組織呈現出高度認可的態度。按照法人地位，日本的非營利組織可以分為一般非營利機構、指定的非營利機構、醫療服務機構、宗教團體等十多種類型。截止 2017 年，一般非營利機構約為 4.8 萬家，由縣政府監管的非營利機構約為 5.2 萬個，宗教團體約為 18.2 萬個。受到儒家文化的影響，日本官本位文化較為濃厚，在傳統上屬於國家主導型社會。由於在地震、海嘯等自然災害面前的救災行動的表現，以及政策財政、社會少子老齡化等問題的產生，日本社會組織的重要性日益突顯。20 世紀90 年代以後，日本的「官民型社會」逐步被打破，政府對社會組織

的管理策略從控制轉變為扶持，社會結構從「政府—企業」間的二元結構轉變為「政府—企業—社會組織」三元社會結構。此後，學者將日本政府與社會組織間的互動關係歸納為四類：政府對社會組織的撥款、共同管理或外包、政府對社會組織的非貨幣類支持，以及將社會組織納入決策過程中。就政治參與程度而言，日本社會組織是社會參與者，不易受到政策因素的影響。研究表明日本社會組織的倡導（政策建議）和問責制（解釋活動）較為薄弱，政治功能不高，從而形成「無倡議的市民社會」模式。總體來看，現階段日本社會組織與政府的關係是在政府主導下的合作關係，社會組織具有較強的獨立自主性，政府以完善的法律和簡政放權扶持社會組織的發展。

新加坡。自建國以來，新加坡形成了以人民行動黨一黨獨大的威權政府模式，社會被束縛在體制框架之內，國家與社會日漸分離。20 世紀 80 年代之後，隨着政府自上而下地推動民主化進程，社會組織在社會領域中的作用日益顯現，國家與社會組織也逐步形成合作關係。新加坡的社會組織大致可分為官方社會組織以及民間社會組織，據統計，新加坡每萬人擁有的社會組織近 20 個。官方社會組織是指服務於政府方針的社會組織，旨在聽取民意、促進種族和諧等。民間社會組織包括工會組織、基金會、服務型社會組織等，在民間社會組織中，官方地位依然明顯。在新加坡的社會組織體系中，國家與社會相互交織。頂層社會組織的國家性較強，具有較強的官方性。基層社會組織主要由志願者和義工構成，具有較強的社會性。人民協會作為基層社會組織體系中的上層管理機構，具有半官方性質，起到連接國家與社會的橋樑作用。目前，學者們普遍認為新加坡在對社會組織的治理中展現出國家「法團主義」特

徵。在「法團主義」的模式中，國家佔據主導地位。一方面，在政府的主導下，國家在法律、制度、資金等層面為社會組織提供支持。政府參與社會組織的人事任免、組織運營並可對社會組織進行控制。另一方面，社會組織作新加坡「雙軌政治」中的「溝通節點」，上可傳達國家意志，下為基層羣眾提供了社會參與渠道。因而從社會組織的角度來看，現階段新加坡國家與社會的關係是相互依賴且高度嵌套的。

（4）組織化程度較低的模式

非洲。非洲的公民社會包含了傳統組織、新興公民組織、利益集團等。截止 2019 年，僅在南非，非營利組織數量已達到 22.2 萬個。在前殖民地時期，除埃塞俄比亞之外，非洲的其他地方並沒有很深厚的國家傳統。人類學家研究發現，非洲大陸在前殖民地時期的社會形態為「無國家社會」和「酋邦」。兩者的共同特點即為缺乏明確的統治者，權力並不集中，社會秩序的維持通常是靠親族內部習俗和血緣關係羣體組織起來。殖民時期，非洲國家的發展集中於法律和秩序的監管職能。非洲的第一批現代非政府組織在此期間崛起。這些非政府組織構成了民族主義政黨的基石，在反對殖民政府的權威方面發揮了明確的政治作用。傳統公社制部門是非洲國家非政府組織的最初起源。在殖民地時期，西方傳教士的影響推動了傳統公社制部門的發展。在後殖民時期，非政府組織和發展方案如雨後春筍般湧現。

現代社會學意義上的非洲非政府組織最早出現在 19 世紀 60 年代，20 世紀 30 年代的「大蕭條」推動了非洲反對殖民統治的情

緒，許多非洲國家的獨立使得本土社團向非政府組織形成了轉變。到 20 世紀 80 至 90 年代，非政府組織發展迅速，呈幾何級增長。此時，非洲大多的非政府組織為西方的分支，主要集中在扶貧、農業、教育、愛滋病防治與維護人權等領域。但是源於長期受到西方的資助，在國際上的處於弱勢地位，在國內也常受到打壓。非洲的民主化浪潮興起於 20 世紀 80 年代末至 90 年代初，其民主化道路主要分為「貝寧模式」和「暴力模式」。非洲弱小的市民社會、不發達的資本主義經濟、有缺陷的選舉制度，形成了非洲特色的民主制度，即複雜、艱難和脆弱。隨着非洲復興進程的加快，非政府組織推動了非洲從「失望的大陸」向「希望的大陸」的轉變。此時非政府組織被稱為「快速的子彈」，致力於解決自上而來與帶來的問題，同時也是窮人賦權的重要手段。總體來看，非洲公民社會的不成熟發展及其脆弱性體現在其整體性缺失、發展緩慢、力量缺乏和市民社會適應力低。又源於非洲國家發展滯後、治理能力低下，政府難以有效的聚集社會資源，非政府組織與國際和國內的聯繫則可以幫助政府籌到相關資源。但是從政府組織的角度來看，非洲非政府組織人數較少，組織鬆散，缺乏權威性，且源於長期收到西方的援助，在議程和議題上還需要考慮到西方的觀點，限制了其發展的穩定性和持續性。

拉美。拉美非政府組織的發展起源於 20 世紀 60 年代，多為教會支持的慈善機構。在外部，國際組織為拉美非政府組織營造了有利的條件。在內部，二戰後拉美的民族資產階級力量增強，推動了拉美社會民主主義。因此從 20 世紀七八十年代開始，拉美非政府組織在數量、規模、目標和類型上都有明顯的增長。截止 1999 年，拉美非政府組織約為 50,000 個，但其中嚴格意義上的 NGO 僅有

5,000-10,000 個。拉美各國具有不同的國情，非政府組織的運營方式和目標等也有較多差異，總體上形成了以「對立對抗」和「合作互補」為主的模式。第一種是對立對抗。20 世紀六七十年代前後，拉美非政府組織是在民眾對國家和政府的不滿環境下快速發展的。在這一背景下，拉美非政府組織和政府之間很少有合作，甚至形成對抗關係。拉美國家非政府組織與政府對立對抗的模式使得非政府組織成為一個導致拉美政治形勢不穩定的因素。一些非政府組織依賴於國外的資金支持，因此在組織和行動等方面上都會受到國外資助方的影響。例如，歐美一些國家會藉「民主、自由」的旗號向拉美政府施壓，甚至挑起反政府運動，從而影響拉美國家政治和經濟的穩定。在最專制的軍政權統治下，拉美政府對非政府組織缺乏包容，許多國家禁止政府與非政府組織建立聯繫。在一些政府環境相對寬鬆的國家，政府也缺乏與非政府組織的聯繫，對其管控較多，而非政府組織自身也存在缺陷，使得兩者的關係並不融洽。第二種是合作互補。20 世紀 80 年代，民主化和行政權利非集中化兩大進程推動了拉美政府與非政府組織間的合作互補關係。80 年代後，拉美國家民主制度得以恢復，國家軍政權「還政於民」。一些國家開始承認非政府組織對國家的重要作用。21 世紀以來，拉美國家貧困水平顯著改善，社會結構向多元化發展，核心目標轉向促進社會公平。總體來看，拉美非政府組織數量較多，分佈廣泛，但是影響力較小且缺乏資金支持，組織化程度較低。

四、黨建引領：中國社會組織機制

　　接下來，我們將從政治體制、政黨制度、文化特徵、經濟模式等方面入手，對中國與其他國家地區的社會組織展開比較，從而進一步呈現中國社會組織的功能特徵。

表 1　國際模式比較

國家	政治體制	政黨制度	文化特徵	經濟模式
中國	人民代表大會制度	中國共產黨領導的多黨合作和政治協商制度	集體主義家國一體	計劃經濟市場經濟
前蘇聯	蘇維埃制	一黨制	國家和集體主義	計劃經濟
俄羅斯	半總統共和制	多黨制	兼具東西方文化特徵	計劃經濟私有化經濟市場經濟
美國	總統制共和制	兩黨制	個人主義民主自由	資本主義混合經濟
英國	議會制君主立憲制	兩黨制	貴族等級制自由主義崇尚傳統	混合市場經濟
日本	議會制君主立憲制	多黨制（自民黨一黨長期執政）	家國一體	政府主導市場經濟
新加坡	議會制共和制	多黨制（人民行動黨一黨長期執政）	家國一體	國家資本主義
非洲	民主共和、君主立憲及帝制共存	一黨制、多黨制	血緣傳統部族主義	單一經濟結構
拉美	總統制和混合制、議會制、人民政權代表大會	一黨制、多黨制	民族主義	市場經濟

表1簡要列舉了中國與其他國家在政治體制、黨政制度、文化特徵、經濟發展水平之間的差異。具體來講，在實踐中，蘇聯形成了「強大國家」與「弱小社會」的二元對立關係，也可以稱為「社會的國家化」。國家統一管理社會，社會結構被國家侵蝕，失去話語權。因而，從蘇聯的經驗來看，完全以「國家為中心」的國家所有制導致國家與社會結構的「脫嵌」，造就了蘇聯的解體。在蘇聯「集權」的背景下，社會和個人被國家淹沒，形成了官僚化國家。蘇聯解體後，葉利欽總統採取了「全盤西化」的改革策略，以多黨制代替一黨制，實行私有化經濟，並形成了國家與社會的二元關係格局。普京上任後，將國家與社會的治理理念轉向「強國家與強社會」的關係結構，設立「垂直權力體系」和「有效的經濟」。但是源於俄羅斯具有「東方專制主義」傳統，國家與社會的關係呈現出「專制主義」和「威權主義」特徵。

　　以美國和英國為代表的西方國家在政治體制、經濟和文化等方面與中國有較大差異，社會組織呈現出自下而上的高強度組織模式。與東亞國家不同，美國和英國等西方國家的文化傳統中強調個人公民權利。一直以來，學者們對於美國國家與社會的關係集中於「弱國家和強社會」的關係模式，強調國家與社會的「二元對立」理論。但是從美國國家與社會的互動關係視角來看，國家與社會實際上形成了一種多元互動模式。對於英國等福利國家的國社關係模式中，在提倡公民社會自由自治的同時，國家也起到至關重要的作用。日本、新加坡等東亞國家同受到儒家文化的影響，與中國有着相似的傳統及文化背景。在政黨制度方面，日本在其民主憲政體制下形成了一黨居優制的政治形態，並保持了國家權力的穩定。新加坡在人民行動黨的長期領導下，多元羣族保持和諧。在文化方面，

中國、日本、新加坡等東亞國家有着「家國一體」的文化認同，強調倫理秩序和家國同構。國家從社會保障、制度建立和管理等多層面為社會成員提供保障，並充分享有主動權。社會成員則「以國為家」，與國家相互依存。

以非洲和拉美為代表的發展中國家，源於宗教、民族和殖民主義的長期影響，社會組織化程度較低。非洲在前殖民地時期的社會形態為「無國家社會」（Stateless Societies）和「酋邦」（Chiefdoms），權力不集中且缺乏明確的統治者，呈現出以親族內部習俗和血緣關係羣體為核心的社會組織方式。獨立以來，非洲國家及政府能力的缺失在較大程度上造成了社會的碎片化以及經濟發展遲緩。拉美國家相對穩定的政治局面背後一直存在着危險和隱患。一方面，在政治體制的缺陷及衝突的影響下，社會不滿情緒不斷滋生。另一方面，社會人口大量貧困化、社會歧視現象等問題頻發造成社會衝突不斷。70年代以來，拉美國家受到新自由主義思想的影響，開啟新一輪的民主化進程。但是拉美國家在新結構主義改革的背景下，卻加劇了結構失衡，致使國家能力進一步弱化。

從社會組織的視角來看，國家與社會的關係主要體現在兩者之間的互動比例成分。中國的獨特性主要體現在改革與發展的全局背景之下，中國共產黨發揮的獨特作用，使得社會組織具有一定程度上的自主性並形成獨特的政治參與。

中國與西方最大的區別就在於政黨、國家和社會之間的關係。托克維爾在《論美國的民主》中寫到，「鄉鎮成立於縣之前，縣又成立於州之前，而州成立於聯邦之前」，提出了西方是先有市民社會，後形成國家，再產生政黨。與之相反，中國是先有政黨，後有國家，再有市民社會。中國特色社會主義決定了中國公民社會的發展

與中國社會組織的獨特性。中國共產黨是「中國特色社會主義事業的領導核心」，既是領導黨也是執政黨。正是由於中國共產黨是一種特殊的政治力量，因而，中國社會組織的發展也必然在中國共產黨的領導之下。中國在計劃經濟時期形成了黨、國家、社會「三位一體」的同質化管理體制。改革開放以來，隨着社會的全面轉型及結構性變遷，執政黨由原來的「總體性支配」逐漸向社會放權。近年來，由於黨建不斷向基層社會嵌入，黨社關係逐漸演變成為「黨社融合」。中國共產黨的核心作用不僅體現在黨中央層面頂層設計的不斷完善，還體現在黨組織將自身的意志和目標嵌入到社會組織之中。

改革開放以來，黨中央不斷推進社會組織黨建工作，對社會組織黨建提出新的要求。黨的十四屆四中全會通過了《關於加強黨的建設幾個重大問題的決定》標誌着「兩新組織」黨建的開始，此後各地區逐漸形成了按照社會組織行業歸屬所形成的「屬業化」、按照社會組織所屬地域劃分的「屬地化」以及按照社會組織登記管理部門劃分的「部門化」等黨建模式。2015 年，中共中央辦公廳印發《關於加強社會組織黨的建設工作的意見（試行）》文件，進一步明確加強社會組織黨建的重要任務。2017 年，黨的十九大報告中明確指出「要以提升組織力為重點」。社會組織黨建不僅有助於政治整合，同時有助於加強社會組織的社會性功能。一方面，對於執政黨而言，黨建嵌入作為執政黨與社會組織的交流中介，可以充分發揮執政黨的政治領導作用、提高執政黨的執政能力，引導社會組織走向正確發展方向。另一方面，對於社會組織自身而言，黨建嵌入不僅為社會組織的發展提供了良好的內部和外部環境，並且為社會組織的發展提供了有力的支撐，還可以最大程度的發揮組織的凝聚

力，推動社會的基層民主建設。

　　以廣州市番禺區的社會組織建設為例，當前，番禺正着力打造「社會組織發展中心」和推進「五社聯動」項目為主要抓手，推動黨羣建設融合，取得了不錯成效。2016 年，由區政府提供 2200 平方米的場地並投入 373 萬元進行改造裝修的廣州市番禺區社會組織發展中心（下稱「發展中心」）正式啟用。發展中心是目前廣州市建成面積最大、功能最全的區級社會組織培育孵化基地。目前，番禺區民政局正在指導和協調進一步對社會組織發展中心的黨建活動室、展覽室進行整體規劃，進一步完善黨員活動陣地，開展各項黨建工作及活動，打造好社會組織黨羣工作活動陣地。「五社聯動」項目是番禺區社聯會在廣州市民政局資助下，在番禺區民政局指導下，積極探索「社區居委＋社會組織＋社會工作＋社區企業＋社區基金」聯動的社區工作模式。項目至今已運作三年，區社聯會在試點鎮街共舉辦了超過 50 場大型社區活動及公益講座，籌得社區基金超過 550 萬元，物資價值 19.03 萬元。在項目運行過程中，結合社會組織黨委黨員亮身份文件精神及社區大黨委制，依託社會組織聯合黨支部開展基層黨員工作培訓班，將「五社聯動」項目轉化為社會組織黨組織、社區黨支部的活動載體。

　　西方非政府組織的獨立性體現在其民間性（Private）和自我管理（Self-governing）兩個方面，即獨立於政府的自治。相較於西方，中國社會組織的獨立性較為薄弱，真正完全自主形成並發展的社會組織較少。但是中國的社會組織卻具有一定的自主性，具體表現為「依附式自主」和「內在性自主」。

　　如果單從依附性來判斷社會組織是否具有自主性很容易在思維上陷入國家—社會「對抗」或「合作」的二元關係。但是通過結構

性和能動性視角分析中國制度的複雜性，可發現中國社會組織實際上表現為「依附式自主」的獨特性特徵。結構性視角本質是從政治權力的角度出發，能動性視角則側重於社會組織自身的自我管理能力。針對行業協會、草根倡導型組織、官辦服務型組織三類社會組織進行分析，可以發現在中國不同社會組織存在不同程度的自主性。官辦服務型組織主要由政府治理，幾乎不存在獨立性，自主性也十分有限。行業協會在國家和市場的邏輯之下，雖然無法體現出其獨立性，但是依照組織背景、政治經濟環境、組織特性可顯現出不同程度的自主性；草根倡導型組織存在於社會的邊緣，表現出較為明顯的獨立性及「去政治化」自主性。

從西方國家與社會的關係出發，易形成「結構性自主」的理論視角，在意識形態上將國家的價值認定為統治工具，定義依附則為不自主。中國在改革過程中推崇國家與社會的契合性，倡導多元化和個人參與，因此「內在性自主」似乎更符合中國社會組織的邏輯。「內在性自主」以「結構—行動」、「政策性應對」、「生活消解制度」為依託，突出國家與社會的互動。在中國社會組織的發展進程中不難發現，其一，「獨立性」並不等於「自主性」，而「結構—行動」理論則可以更好地將兩者區分開來。其二，「政策性應對」則是對「不同制度生產者」邏輯的回應。換句話說，「政策性應對」可以表現為依照中國的社會治理格局，社會組織在對「黨羣部門」、「條」、「塊」三類相差較大的主體呈現出不同的應對策略。其三，「生活消解制度」是指「生活」與「制度」的融合關係，而並非完全受控於國家行政指令。從這個角度出發，儘管中國社會組織的獨立性較弱，卻可依靠「內在性」自主實現自主發展。

第三章

中國的社會如何
將意見表達出來

一、引言

　　一般情況下，社會參與主要指的是社會個體通過具體的行動或行為參與到社會與國家的公共議程當中。對社會參與的類型，可以根據個體參與互動對象的不同而劃分為參與到社會自我管理和參與到國家治理兩類。前者屬於社會自治的範疇，國家介入程度非常低，比如參與紅白喜事的社會網絡，參與宗族的儀式活動，參與社區的管理等等，[1] 也就是一般意義上所講的個體的社會參與。後者則具有一定的政治功能，個體通過政治參與將社會的利益訴求與國家的權力資源進行對接，比如參與民主選舉，參與社會運動，參與政府管理，等等。這樣的社會參與更具有「政治參與」的意味，指的是民眾通過某種途徑或渠道直接或間接地參與到國家的公共議程當中，通過影響國家的公共議程設置來實現自我利益、訴求的表達與落實的社會參與行為。對應到經驗層面的利益表達形式，可以分為制度化的利益表達與非制度化的利益表達兩種。本文所講的社會參與主要探討的是「社會如何將意見表達出來」這一核心問題，關注的焦點在個體通過制度化與非制度化的渠道來表達其訴求，以此實現與國家的互動互構。

　　在中國，現行的國家權力架構為個體的利益訴求表達建立的

1　林輝煌. 中國的社會體制 ——「權力譜系社會學」的視角。

制度性渠道主要有人大、政協、信訪（以個人上訪為主）、聽證、座談等[2]。雖然，制度化的表達渠道看起來眾多，但是，「從實際效果來看，並不十分理想」[3]。利益表達渠道眾多與實際效果不理想之間的悖論，在社會分化與利益多元的現實背景下顯得更為突出。首先，常規性的制度化利益表達渠道的公共利益表達與聚合功能虛化，轉化為強勢表達與弱勢表達之間的分離。典型的表現是每年全國人大代表中工農代表比例逐漸降低。據統計，第四屆中工人代表的比例為 51.1%，第五屆為 47.3%，第六屆工農代表的比例便降為 28.6%，第七屆為 23%，第八屆工農代表 20.6%，第九屆工農代表 10.8%，第十屆工農代表所佔比例甚至不足 4%[4]。同樣，在政協的席位設置上，也出現了偏重於社會強勢群體的格局。以全國第十二屆政協委員為例，34 個界別代表中經濟界人數最多，有 152 人，而社會福利與社會保障界卻只有 37 個席位[5]。

而信訪這一權利救濟渠道則在中國一票否決的壓力型評價機制和信訪維穩機制的影響下，其利益訴求功能在現實中容易被阻塞。在政績考核的壓力下，地方官員與基層政府通過「截訪」和「消號」等方式處置社會個體的利益訴求，導致制度內的個體參與渠道

2　丁明秀．城鎮化進程中農民利益表達的困境及其原因探析 [J]．農業經濟，2014(07): 94-95.

3　吳佩芬．群體性事件與制度化利益表達機制的構建 [J]．思想戰綫，2010(4): 107-111.

4　李愛芹．弱勢群體非制度化利益表達：表現形式、產生邏輯與治理路徑 [J]．齊齊哈爾大學學報（哲學社會科學版），2019(3): 23-26.

5　中國的政協委員數量從第五屆開始一直保持在 2000 名左右，十二屆人數為 2237 人。34 個界別中經濟界代表人數最多，為 152 人，共青團人數最少，僅為 9 人。其他界別人數詳見中國青年網：http://t.m.youth.cn/transfer/index/url/mip.youth.cn/gn/201703/t20

被堵塞。[6] 而信訪部門在官僚體系內部運作中只有中轉的功能，無實質性權力處理民眾的訴求[7]，也進一步弱化了信訪這一制度性表達渠道的功能。

其次，眾多新式的公民參與公共議程的渠道[8]，對於輸入民眾的利益訴求具有一定的作用，但很多渠道其實有名無實[9]，且最終的決策權依然在黨和官僚系統內部，二者共同弱化了這些新式制度化渠道的利益傳達，輸送與落實的功能。除此之外，有學者認為中國社會訴求輸送還有由智庫為代表的智囊團們遞交的內參模式，內參人員藉助外力影響決策者議程設置的借力模式，以及個人為公共利益而上報的上書模式和外部壓力促使決策者設置公共議程的外壓等幾種模式[10]。即使如此，中國制度化的社會參與本質上還是一種精英參與的制度。

其他社會力量對於民眾利益訴求的輸送以政治中樞為中心呈現差序格局和「內部多元主義」的形態。[11] 最接近政治中樞的是國家資本背景的大型經濟實體以及工會、婦聯、共青團等羣體的利益，

6   陳發桂. 多元共治：層維穩機制理性化構建之制度邏輯 [J]. 天津行政學院學報，2012(05): 66-71.

7   向良雲. 弱勢羣體制度化利益表達的有效性及其現實考量—基於政治系統理論的視角 [J]. 理論導刊，2012(05): 7-10

8   有學者將新式的公民參與公共政策議程的渠道總結為 9 種：包括公民調查、公民會議、聽證會，專家諮詢、懇談會、關鍵公眾接觸、由公民發起的接觸、旁聽和網絡參與會。另外，網絡參與也逐漸成為公民參與公共政策的主要方式。詳見：王連偉. 當代中國公共政策領域中的公民參與研究：現狀、問題與對策 [J]. 中共天津市委黨校學報，2015(01): 90-95

9   丁明秀. 鎮化進程中農民利益表達的困境及其原因探析 [J]. 農業經濟，2014(07): 94-95.

10 王紹光. 中國公共政策議程設置的模式 [J] 開放時代，2008(02): 42-56

11 鄭永年等. 內部多元主義與中國新型智庫建設 [M]. 北京：東方出版社，2016.

「往外一層則是在發展中起積極作用並擁護政權的一般經濟實體和社會羣，再往外是利益訴求不在國家政權主流視野之內，然而依然有一定價值的社會組織，最外層的則是處於社會邊緣的弱勢羣體，對社會持不滿意見和不同政見的組織和個人。」[12]

　　因此，非制度化的渠道成為那些難以通過制度化渠道表達訴求的社會公眾的選擇方式。人類學家項飆認為，這種非制度化的利益表達包括變通的方式，即表達主體通過社會關係，以私下商量的方式促使制度在實際運行過程中朝向有利於自己利益的方向[13]。而其他學者認為集體抗議、個體自殺自殘、日常形式的反抗、自組織維權以及洩憤式反社會行為[14]，以及寫小字報，武力攻擊幹部和執法人員，甚至衝擊國家機關和政府部門[15]，還有賄賂、恐嚇等[16]形式均屬於非制度化利益表達的形式。另外，斯科特意義上的「弱者的武器」的日常式抗爭，也是社會弱勢羣體非制度化利益表達的一種方式。可是，除集體抗議這一形式之外的表達形態並不致力於與國家形成互動，更多是個體情緒的宣洩。因此，變通、寫小字報，賄賂還有攻擊幹部與政府等個體性的行為不是本文分析的主要內容。社會運動以社會集體參與的形式進行喊話，其主要訴求在於以集體施壓的方式呼喚目標對象的對話與回應，成為本文主要的分析對象。

12　徐琳. 當代中國公共政策形成模式的現代轉型—基於國家與社會關係的視角 [J]. 社會主義研究，2012(5): 66-71

13　項飆. 跨越邊界的社區 —— 北京浙江村的生活史 [M]. 北京：三聯書店，2000 年。

14　張志勝. 新生代農民工非制度化利益表達與城市公共安全 [J]. 蘭州學刊，2014(07): 93-98

15　王立新. 試論我國社會分層中人民利益表達制度的建構 [J]. 社會科學，2003(10): 45-50

16　高桐杰. 我國公民非制度化利益表達的分析 [J]. 科學社會主義，2011(01): 70-73

學界對於中國社會弱勢羣體的非制度化利益表達的集中研究，從側面反應出普通民眾制度化表達渠道的不暢與無效。社會運動的發生，是民眾轉向制度渠道之外表達其訴求的非制度化形式，其性質與發生的數量很大程度上可以反應出常規性社會參與體制的特徵與弊病，也是檢測國家與社會之間是否良性互動的關鍵變量。在中國，實際層面上的社會運動往往不具有合法性，在民主政體國家，社會運動具有制度化的利益表達的性質。因此，研究中國的社會運動，也是研究中國社會參與體制的獨特視角。

二、從「政體政治」到「生活政治」

在中國的歷史中，具有抗爭性政治的社會運動可追溯到秦末陳勝、吳廣率領的農民起義[17]。但是傳統中國並不是一個社會運動頻發的時代。儒家文化與政權的合作[18]，導致了帝制時代的中國是一種「政治生活化」與「生活政治化」模式下的政治與生活高度一體的家國格局。在這樣的家國一體格局內，民眾不追求直接的「政治參與」或「政府活動」，而是在日常生活中遵循政治原則與政治價值。統治者藉助儒家的意識形態將統治理念滲透到普通民眾的日常生活當中，並且將其內化為一種信念，以此達到維護社會秩序、促進公共利益有序分配的目的。[19] 在這樣的家國體制內，發動具有反叛目的的社會運動，均被視為是「不忠」、「不孝」與「不義」之舉，不具有社會正當性。對於統治者而言，深刻認識到「民惟邦本，本固邦寧」的民本思想，最低限度地保護人民的利益和生存條件，成為一個政權最基本的職能。

一旦統治的政權無法滿足廣大民眾最基本的生存權益，任由地主剝削農民，官僚系統腐敗，橫徵暴斂等情況發生，討伐統治政權

17　裴宜理著，閻小駿譯. 底層社會與抗爭性政治 [J]. 東南學術，2008(03): 4-8
18　陳興德. 科舉、憲制與制度理性 [J]. 山東社會科學，2016(08): 92-99
19　朱承. 論中國式「生活政治」[J]. 探索與爭鳴，2014(10): 90-93

的社會運動便會產生。這樣的社會運動往往以反暴政、反無道之君、反橫徵暴斂、反貪官污吏為主題，致力於建立一個更有為的政權與官僚系統。[20] 比如，學界認為宋朝和之前的朝代相比，之所以較少發生大規模農民起義，主要原因在於宋朝的「募兵制度」實現了兵農分離，保護了農戶較好的生產條件。其次，宋朝的土地私有化遠高於前朝各代，土地容納的半自耕農和貧困農戶的數量大增。另外，宋朝較為靈活的商業管理方式促進了商業活動的繁榮與發展。[21] 朝廷的善治與農民經濟生活水平的提高緊密相關，也與農民起義的正當性密切相連。雖然說，帝制時代的政權與普通民眾之間的關係是一種更為直接的統治與被統治的關係，但是傳統中國因有儒家意識形態的加持，二者之間的關係更具有道德性與社會性[22]。無論對於統治者還是被統治者，雙方均有對彼此的責任與義務。政權與普通民眾之間這種兼具道德性與社會性的統治和被統治關係，與信奉基督教文明的歐洲大陸不同。基督教文明下的歐洲大陸，普通信徒與統治者之間天然具有對立和對抗的關係，基督教思想將封建統治者視為阻礙其實現基督教所倡導的個體主義價值的世俗因素[23]。因此，傳統中國的統治者與被統治者之間並非一直是緊張和對立的關係。只有當雙方之間責任與義務的均衡狀態被打破，支持社

---

20 孫洪濤. 專制政治與農民起義——中國古代農民起義原因再探 [J]. 河北大學學報，1993 年增刊：38-43

21 任新民. 試論宋代沒有爆發大規模農民起義的原因 [J]. 南京社會科學 (04): 59-62

22 帝制中國時期，君主與民眾之間的關係一方面有「普天之下，莫非王土」的單相度的所屬關係，另一方面也強調儒家思想對君王與官僚體系的制約，要求君王遵從儒家的政治倫理。

23 路易‧迪蒙，桂裕芳. 論個體主義：人類學視野中的現代意識形態 [M]. 南京：譯林出版社，2014 年.

會運動發生的社會正當性才得以產生。這樣的社會運動,因具有社會正當性而受到廣大民眾的響應。所以,帝制中國時期要麼不發生社會運動,只要發生則以大規模的、致力於推翻現有政權的農民起義為主。帝制中國也在這樣的週期性循環中實現政權的更替。因此,可以說帝制時代中國的社會運動本質上是一種「政體政治」,不具制度化或常規化的特徵。

這樣的「政體政治」運動在清末民初時期以更大規模的方式進行。除了社會上發生的大規模的學生和工人運動,清廷官僚體系內部在社會與外部侵略壓力下也在開展自我革新運動,主要以洋務運動和維新運動為主。毋庸置疑,洋務運動與維新運動在一定程度上推動了中國的政治、經濟與社會各方面的現代化,但最終還是被倡導新式政體的社會運動所取代。西方勢力對國家主權的侵略,迫使舉國上下將這樣的民族恥辱歸結為清朝帝制的落後。近代之前中國社會運動發生的根源是民眾生存條件的毀壞,而近代社會運動的根源則在於中國半殖民的國際地位對民族自尊的傷害。雖然,傳統帝制時代與近代中國發生社會運動的具體原因有所不同,但二者追求的目標本質上是一致的,都是寄希望於通過政權的更換來實現讓民眾過上更好、更有尊嚴的生活的使命追求。

新中國成立之後到90年代前,社會運動的性質不再具有「政體政治」的特徵,而是隨着國家的政策方針變化呈現出不同的性質。在50-60年代的集體時代,社會利益是一種整體性利益,幾乎不存在分化性的社會利益訴求運動。70年代的文化大革命,尋求的是官僚體制內部的自我革新,也是黨重塑自己與社會以及和官僚系統之間關係的動員性運動,致力於發動社會的力量來打破黨政一體的制度下黨淪為官僚體制的統治者和管理者,來重建黨作為大眾

運動領導者的地位，以此恢復黨與羣眾之間有機聯繫。[24] 80 年代的學生運動，在世界第三波民主浪潮的影響下，希望通過學生的示威與遊行，迫使政府當局政體轉變。總之，新中國建立之後到 90 年代開始實行市場經濟之前，中國一直處於一種「實驗國家」[25] 的階段，朝着馬克思的社會主義目標，不斷調整黨、政府與社會之間的關係。該階段的社會運動，其性質與形式也具有多樣性的特徵，但參與主體主要以精英羣體為主。

而在西方國家，從 19 世紀 60 年代開始，便掀起「新社會運動」的浪潮。「新社會運動」指的是一系列不同於傳統的工人階級運動的新式社會運動的統稱。包括民權運動、女權運動、生態運動、同性戀運動、反戰和平運動等等一系列「後物質主義」的羣眾抗議運動。[26] 「新社會運動」在各方面都與傳統的工人運動表現出不同的特徵，在理念上倡導關注文化與生活方式，而非解放；階級基礎不再是以在社會和經濟上佔不利地位的底層民眾，更偏向於具有相同價值的羣體；另外，參與動機也不僅僅是為了實現羣體一致的自我利益；在組織方式上呈現更為分散和民主的傾向。[27] 因其倡導理念的不同，「新社會運動」被英國著名的社會學家由安東尼·吉登斯稱之為「生活政治」。主要強調的是現代性視野下關於個體實現自我以及生活方式的政治，它不屬於生活機會政治，而是關於生活方式的

24　汪輝. 今天，為甚麼要紀念列寧？. 文化縱橫，2020 年 4 月 22 日
25　雖然新中國成立之初，很多方面都在仿效蘇聯，但也進行很多自己的社會主義「實驗」項目，因此筆者將其稱之為「實驗國家」。
26　吳茜、王美英. 淺析拉美新社會運動的新特徵與新路徑 [J]. 當代世界社會主義問題，2017(03): 121-127
27　陸海燕. 論新社會運動對當代西方公共政策的影響 [J]. 華中科技大學學報（社會科學版），2010(05): 113-117.

政治，核心關注點在於人的生活方式的選擇。[28] 不同於尋求擺脫剝削、不平等和壓迫的「解放政治」（「政體政治」）。

90 年代之後，世界上大部分國家的經濟體制都已轉向「新自由主義」。世界各地的社會運動呈現出不一樣的態勢與特徵，可是對於發生在大部分欠發達國家和地區的社會運動而言，反全球化與新自由主義成為它們所共同具有的本質性訴求。在具體的表現形式上，鄭永年教授認為，「在西方國家，社會抗議運動的目的往往是具體的利益、更多的權利；而在非西方國家，社會抗議的目的更多的是抽象的價值，尤其是民主、自由和人權。」[29]90 年代之後中國也加入「新自由主義」經濟的行列，實行市場經濟。和過去相比，從此之後中國的社會運動也在不斷增加，可並未呈現出如其他地區那樣大規模、長期性和高度頻繁的社會運動。中國 90 年代之後的社會運動甚至才開始呈現出西方國家上個世紀五六十年代開始的「新社會運動」的一些特徵。比如農民的權益訴求，農民工的工資保障以及環境運動等。

28　安東尼・吉登斯著，李惠斌、楊雪冬譯．超越左與右 —— 激進政治的未來 [M]．北京：社會科學文獻出版社，2000 年 p.4.

29　鄭永年．社會抗議運動背後的困境

三、新自由主義浪潮下的中國與
世界社會運動

（一）中國的社會運動概況

　　90 年代中國開始實行市場經濟之後，中國社會的當代轉型進入一個新的階段。一方面，一體化的社會結構逐漸鬆散分化，出現多組潛在對立的社會力量。經濟的市場化導致的有產者和勞動者之間的對立；住房市場化產生的業主與其他社會行動者的對立；就業領域的制度變遷有可能引發的體制內與體制外勞動者的對立；而官僚系統內部的財政改革引發的中央和地方政府的利益分化，還有社會保障體系的轉型，對高保障者和低保障者之間關係的負面影響。[30] 另一方面，這一系列的社會變革與轉型引發了民眾對國家和政府情感的變化。

　　有學者認為，市場化之後，中國的黨—國權力結構被國企私有化，管理結構去集權化和與資本權力的聯盟所重塑。在毛時代，工會是連結黨政和大眾的點，現在這個調節機制效果不佳。這個調節機制失效之後，市民直接向政府表達他們的不滿，市民與政府之間

30　劉能. 社會運動理論：範式變遷及其與中國當代社會研究現場的相關度 [J]. 江蘇
　　行政學院學報，2009(04): 76-82

的關係變得脆弱與不穩定。同時，社會衝突經常轉化為政府和民眾之間的衝突。這個轉型過程，也反映了國家機構不再能夠有效代表人民，民眾將會通過行動來捍衛他們的權利。一旦政府從社會安全的提供者變成了資本利益的提升者，草根階層，農民以及普通市民便會受到侵犯，即使是中產階級也成為這些規則的受害者。隨着市場化加深產生的矛盾不斷突顯，普通民眾的不滿滲透到社會生活的各個領域。與 1980 年代的社會抗議相比，現在的抗議主要來自被結構轉型影響的所有社會群體，失地農民，城市居住的下崗工人還有無養老金的農民工，消費者，父母，病人，教師，學生以及出租車司機，復員軍人，還有那些被污染影響的居民。這一時期的大多數抗議活動都是由一種與當地發展項目、大規模裁員、福利待遇、工資發放、社會保障、過度徵稅、土地徵用和房屋拆遷密切相關的剝奪感和不公平感所驅動的。其中大多數都與濫用權力和侵犯權利有關，因此可以看作是人民爭取社會自我保護的鬥爭。[31] 同時，也反映出中國普通民眾權利意識的覺醒。因此，該時段內中國的社會抗議活動不僅僅是生存抗議，更多的是權利抗爭。[32]

中國社會轉型之後群體性事件數量大增使得各種矛盾得以外顯。1993 年中國的群體性事件為 8,700 起，到 1995 年增加到 10,000，1997 年為 15,000，1999 年為 32,000 起，2004 年達到

---

31 Liu, S.D, Demanding state intervention New opportunities for popular protest in China, in: Vanden, H.E. & P. N. Funke. & G. Prevost (Eds.), The New Global politics, global social Movement in the Twenty-First Century, New York, PP.234-250

32 于建嶸. 抗爭性政治：中國政治社會學基本問題 [M]. 北京：人民出版社 2010，p10.

40,000 起 [33]。從 93 年到 2003 年期間，參與人數從 73 萬增加到 307
萬，其中百人以上的羣體性事件由 1,400 起增加到 7,000 多起。而
中國社科院發佈的《社會藍皮書》顯示，2005 年 15 人以上的羣體
性事件已達 87,000 件，2006 年更是超過了 90,000 起。2013 年的
《社會藍皮書》認為，每年因各種社會矛盾而發生的羣體性事件多
達數萬起甚至十餘萬起。2013 年之後，難以找到全國羣體性事件
的精確數據，但勞工運動方面的研究顯示，2013-2017 年間，據不
完全統計，中國共有 8696 場集體勞工抗議。這一時期的勞工運動
與之前的相比，其中一個明顯的特徵是參加人數的下降。2013 年
參與人數超過 1,000 人的運動佔比將近 10%，而 2017 年這一比例
下降了 7.2%。[34] 這在一定程度上顯示，中國近幾年社會運動的數量
與規模呈現一定的下降趨勢，這可能與中國勞動法律的逐漸完善以
及維穩力度的增大緊密相關。

　　而中國社會科學院對媒體報道的參與人數超過 100 人的羣體
性事件進行的分析報告，《2014 中國法制報告：羣體性事件》呈
現了中國社會運動的一些總體性特徵。從 2000-2013 年，他們搜
索到的羣體性事件共 3145 起。從參與人數來看，參與者規模超過
百人以上的有 871 起。其中，在 100 人至 1000 人的有 590 起，佔

33　Baogang He, Social Protests, Village Democracy and State Building in China:
　　How Do Rural Social Protests Promote Village Democracy? In: Kuah-Pearce.
　　K.E & Gilles. G.H (Eds), Social Movements in China and Hong: The Expansion
　　of Protest Space, Amsterdam University Press, 2009 pp9-25 也有數據顯示，
　　2003 年達到 6 萬起。
34　Crothall. G, China's Labour Movement in Transition, In: Franceschini.I &
　　Nicholas. K & Kevin.L(Eds), Dog Days: Made in China Yearbook 2018, ANU
　　Press. (2019). PP 32-39.

67.7%；在 1001 人至 10000 人的有 271 起，佔 31.1%；在 10001 人及以上的有 10 起，佔比為 1.1%；百人以下的有 1390 起，無法判斷是否為百人以上的有 856 起。

表 1：2000-2013 中國大規模羣體性事件數量、比例[35]

序號	參與人數	事件數量（起）	參與人數	事件數量（起）	所佔比例	佔總數比	總數（起）
1	> 100	871	100-1000	590	67.7%	27.7%	3145
			1001-10000	271	31.1%		
			> 10001	10	1.1%		
2	< 100	1390	/			44.2%	
3	無法判斷	856	/			27.2%	

從區域分佈來看，華南地區為高發區，100 人以上的羣體事件為 319 起，華東地區為第二，有 189 起；西南地區位居第三，一共有 118 起。就省份來說，廣東省居全國第一，佔比達 30.7%；四川省居其次，佔比為 6.2%。從羣體性事件的主要訴求來看，維權性事件最多，高達 55%；而事件的目標隨着運動的發展出現變動的混合類事件居其次，佔比約 37%。剩下的主要為泄憤、糾紛等羣體性事件。而從事件的組織程度來看，超百人的事件中，事先有計劃，有明確目標和確切分工的事件為 428 件，佔比為 49.1%，在此基礎上還有宣傳策略的事件有 213 件，佔 24.5%；除此之外，還有固定領導人和行動綱領的事件達 70 件，佔 8%。

而引發這些大規模社會運動的原因中，30.65% 的事件為勞資糾紛，19.98% 的事件為執法不當；徵地拆遷引起的事件比例為

35　數據來自《2014 中國法治報告：羣體性事件》

11.14%。導致上萬人運動的主要原因為環境問題，佔所有上萬人運動的一半；勞資糾紛也是導致千人和萬人群體性事件的主要原因，佔這類事件的 36.53%。[36] 這說明中國的社會運動主要以維權為主，而且是一種反應性維權，一種議題式抗爭活動。另外，還有部分事件是「社會泄憤事件」，民眾通過參與社會運動來表達其對社會的不滿。[37] 而社會運動的組織化程度也較低，沒有呈現出成立常規性、政黨性社會組織的特徵。中國社會運動的這些特徵可見表 2。

表 2：2000-2013 中國 100 人以上群體性事件特徵

排名	數量 / 區域		訴求 / 比例		組織程度 / 數量 / 比例		
1	319	華南	維權	55%	有明確計劃、目標、分工	428	49.1%
2	189	華東	混合	37%	+ 宣傳策略	213	24.5%
3	118	西南	泄憤、糾紛	8%	+ 固定領導人	70	8%

　　另外，報告中的數據顯示，公民與公民之間或者社會組織與社會組織之間，事件主體為平等關係的群體性事件佔多數，佔比 54.6%。在事件的表現形式上，因公民之間或者公民與社會組織之間矛盾引發的群體性事件多數表現為集會、遊行、罷工、示威、上訪。在因公民矛盾引發的事件中，佔比為 54.4%；與公民與社會組織之間矛盾引發的事件中，佔比為 73.4%；因公民與政府或官員間矛盾引發的事件有 383 起，其中，32.1% 的事件引發集

36　2014 中國法治報告：群體性事件

37　于建嶸 . 抗爭性政治：中國政治社會學基本問題 [M]. 北京：人民出版社，2010：p3-5 頁和 160-163 頁。

會、遊行、罷工、示威與上訪，36.3% 的事件引發了圍堵、佔道等破壞公共秩序的情況，32.6% 的事件引發暴力衝突。而社會組織間矛盾引發的事件具有較高的激進性，以暴力事件為主，佔比達 78.1%。[38]

（二）世界各地的社會運動概況：以區域為單位

中國採取市場化改革時，世界上大部分國家採取了新自由主義政策，為了應對自由主義政策帶來的經濟發展滯脹。新自由主義進一步奉行自由化、私有化以及政府作用的最小化原則，一方面要求國家要忽視一些結構性的不平等因素，大幅度減少對公民的基本生活保障、各種生活補貼和公共福利，使個體重新成為經濟行為的主體[39]。這樣的發展理念不斷去除國家為民謀利的責任性與自主性，讓社會各階層的力量各自競爭，本質上遵循的是一種「叢林法則」，市場原教旨主義，無法保障弱勢羣體的權益。另一方面，無論是在國內還是國際層面，新自由主義造成國家與資本之間的聯盟，國家越來越為資本的利益服務，與民眾之間的關係日漸疏遠。這樣的結果導致西方國家在政治上越來越民主，但經濟上越來越不民主的矛盾現象。根本原因就在於民主政治被經濟精英所俘獲，在維護廣大民眾利益方面當國家不斷退位，而資本與選舉型的政黨政治相聯繫，便將「一人一票」轉化成為「一元一票」。[40]

---

38 2014 中國法治報告：羣體性事件

39 姚偉，新自由主義經濟模式與新社會運動 —— 一種社會資本視角的宏觀分析 [J]. 社會學研究，2004(04): 18-23

40 鄭永年：新自由主義與當代西方社會革命

國際層面，在新自由主義理念下，欠發達國家也要為國際資本讓位和服務，進而犧牲本國民眾的一些基本權利和利益。結果，底層和普通民眾因為難以獲得發展的紅利，對政府和執政黨的不滿逐漸上升；即使是中產階級和精英羣體，在 2008 年金融危機以後，也表現出對政府、執政黨的執政方針的不滿。他們通過社會運動的方式來反對政府的法案，並希望推動更有利於大眾權益的公共議程的設置與啟動。另外，表達對政府現有發展理念的不滿與對抗，部分地區還存在威脅現有政權的社會運動與武裝衝突。這些社會運動的基本型構本質上是對政府與執政黨的一種反對。

　　美國的戰略與國際研究中心（CSIS）[41] 2020 年 3 月發佈的 The Age of Mass Protests Understanding an Escalating Global Trend [42] 稱，這是一個全球大規模抗議的時代，社會抗議的頻率、範圍和規模都是史無前例的，遠超了上個世紀 60 年代，80 年代末 90 年代初的社會抗議。報告顯示：在 2009 年至 2019 年，世界所有地區的大規模抗議活動平均每年增加 11.5%。不過各地區之間存在顯著差異，南部非洲的增長最快，以澳大利亞為主的大洋洲處於全球最低，亞洲僅居其後，處於社會相對穩定的狀態。詳見下表。

---

41 CSIS 是一個跨黨派、非盈利的政策研究組織，也是智庫，根據賓夕法尼亞大學年度智庫報告，CSIS 是美國排名第一的智庫。
42 Brannen, S. J. & Cristian, S. H & Katherine. S, The Age of Mass Protests Understanding an Escalating Global Trend.

表 3：2009-2019 世界各區域社會抗議年平均增長率 [43]

區域	南部非洲	南美	北美	中東和北非	中美洲和加勒比	歐洲	亞洲	大洋洲
比例	+23.8%	+18.9%	+17%	+16.5%	+15.7%	+12.2%	+9.9%	+4.9%

　　非洲的反政府社會抗議概況。近十年來，非洲的社會抗議浪潮在全球的社會抗議運動中佔據主要的地位，南部非洲的社會抗議增長速度最快，而北部非洲和中東地區是社會運動最為集中的區域。而且 CSP (The Center for Systemic Peace)[44] 的報告 Global Report 2017: Conflict, Governance and State Fragility 顯示，非洲大陸是武裝衝突最高的區域，部分社會運動往往與武裝衝突緊密相關。在中東和北部非洲，與 2009 年相比，2019 年年底，民眾抗議政府的事件增加了 290.5%，從將近 100 起增加到 450 起左右。伊拉克、伊朗、黎巴嫩、阿爾及利亞、埃及、利比亞、突尼斯和阿塞拜疆都面臨大規模抗議活動。在阿爾及利亞，公眾對腐敗、政府保守主義、經濟停滯、失業率和青年失業率上升的不滿引發了大規模騷亂。在伊拉克，公眾上街抗議，抗議內容包括青年失業、經濟停滯、政府腐敗、公共服務供給不善以及伊朗和美國關係對他們的影響。在伊朗，1979 年之後最嚴重的一次社會抗議與騷亂由燃油價格引發，主要表達對經濟停滯與政治鎮壓的不滿。還有埃及，公共腐敗導致了大規模抗議活動的發生。在南部非洲，2009 年到 2019 年，社會抗議

43　數據來源於 CSIS, Brannen, S. J. & Cristian, S. H & Katherine. S, The Age of Mass Protests: Understanding an Escalating Global Trend

44　Monty G. M. & Gabrielle. C. E, Global Report 2017: Conflict, Governance and State Fragility

活動增加了 746.2%，社會抗議活動主要發生在蘇丹、南非、津巴布韋、南蘇丹和埃塞俄比亞。在蘇丹，商品價格的不斷上漲直接引發了針對政權的大規模抗議，而抗議者的反抗內容包括政治鎮壓、侵犯人權、不平等、腐敗和經濟管理不善。在南非，由快速城市化導致的非正規住區的增加以及政府公共服務提供不善，直接引發了民眾抗議活動。同樣，這樣的抗議活動直接引發了潛在的對政府腐敗，經濟管理不善和超高青年失業率等不滿情緒的爆發。[45] 而在津巴布韋，較高的貧困水平以及 2018 年的經濟動盪，也引發了大規模的社會抗議。

拉丁美洲的社會抗議概況。拉丁美洲也分為兩塊區域，中美和南美。中美的社會抗議活動在近 10 年也是巨量增加，2019 年比 2009 年增加了 330.8%，主要發生在尼加拉瓜、危地馬拉和洪都拉斯幾個國家。直接引發社會抗議的原因在於政治腐敗，選舉不公以及政府和毒販集團的聯盟，而尼加拉瓜主要反抗的是政府的社會保障改革。南美洲的情況更為糟糕，在該階段內社會抗議的數量增長了 466.7%，在委內瑞拉、哥倫比亞、厄瓜多爾、秘魯、智利、烏拉圭、阿根廷和玻利維亞幾個國家發生大規模示威事件。在委內瑞拉和玻利維亞，政治選舉腐敗是導致社會抗議的主要誘因，而不平等、失業、公共腐敗、經濟停滯和危機是智利、哥倫比亞和阿根廷大規模社會運動發生的核心因素。

北美的社會運動概況。北美的社會運動主要受美國的影響，2008 年金融危機爆發之後，美國發生了大規模的茶黨運動和佔領華爾街運動。特朗普上台之後，美國的社會運動數量激增，僅 2017

45　王嚴 . 南非新社會運動探析 [J]. 非洲研究，2016(02): 58-74

年的社會運動便比前一年增加了 330%，從 80 起到 330 起左右。美國的社會運動議題範圍較廣，涉及到婦女遊行、氣候運動、呼籲調查特朗普競選團隊與俄羅斯的關係的「真相運動」，還有呼籲特朗普公佈他的納稅申報表的「稅收遊行」以及與特朗普移民政策相關的一系列以民族，移民為主題的抗議活動，包括民族自豪遊行、無移民日和支持移民等等示威遊行。還包括少部分反墮胎遊行和科學遊行。而在墨西哥，一些大規模的社會抗議反對總統的背信棄義，沒有兌現競選承諾。另外，倡導女性權利的社會運動也是構成墨西哥社會運動的主要內容。

歐洲的社會運動概況。在過去十年間，歐洲的民間反政府運動總體也呈現上升趨勢，2019 年與 2009 年相比增加了 216.4%，從 70 起增加到 210 起左右。歐洲的反政府運動議題包括波蘭的司法改革被視作「民主倒退」而引發的社會抗議，還有冰島涉嫌洗錢、逃稅，以及巴拿馬文件披露的腐敗案件所引發冰島的大規模社會運動，英國因英國脫歐而發生的大規模抗議，以及包括德國、英國、捷克和法國在內的整個歐洲的反移民和反難民情緒；法國還有由燃油價格上漲和退休法案等社會政策改革引發的社會抗議。此外，還有西班牙的加泰羅尼亞民族獨立運動。

亞洲的社會運動概況。與其他區域相比，亞洲的社會運動增長率較低，2019 年與 2009 年相比只增加了 158%，從 180 起到 440 起左右。而且亞洲大規模的社會運動主要集中在東南亞和南亞國家。比如，2016 年印度尼西亞爆發伊斯蘭大規模的抗議活動，反抗政府的褻瀆神明行為。印度一直存在的共產主義運動，達利特人的賤民與女性抗爭活動一直是印度社會運動的主要內容。2016 年，印度軍隊打死了克什米爾一名分離主義領導人，引發了大規模的民

變，政府以武力回應，造成 1.7 萬人受傷。同年，印度發生了人類歷史上最大規模的抗議活動，多達 1.8 億名非正規工人和公共部門工會成員就勞工權利舉行罷工。韓國反對朴槿惠總統的腐敗也爆發了大規模的「燭光守夜」活動。而中國香港在 2019 年爆發的社會運動也成為亞洲社會運動的重要一筆。

大洋洲的社會運動。大洋洲作為世界上人口最少的地區，社會抗議活動最少，增長率也最低。2019 年與 2009 年相比，增加了 62.5%。社會運動主要發生在人口最多的澳大利亞，其社會運動的主題涉及到土著人的權利、氣候變化、難民和移民政策以及反伊斯蘭運動。

（三）小結：全球社會運動的同與不同

根據 CSIS 的報告分析，雖然世界各地的社會抗議都有各自的具體誘因和不同的生發情境，但是這些社會運動反映出的普遍不滿主要集中在對政府的治理不力和腐敗現象。據 CSIS 的不完全統計，2019 年全球大規模的社會抗議運動中，共有 18 個國家因經濟困境，17 個國家因政府治理不善，14 個國家因社會不平等，18 個國家因公共腐敗，8 個國家因公共服務不足，22 個國家因權利和壓迫問題而發動大規模社會抗議。當然，一些國家具有多方面的誘因，比如黎巴嫩、伊拉克和阿爾及利亞同時具有前 4 個誘因，哥倫比亞兼具前 5 個因素。[46] 而動亂的具體根源在幾個方面具有同質性。

---

46 Brannen, S. J. & Cristian, S. H & Katherine. S, The Age of Mass Protests Understanding an Escalating Global Trend pp14

首先，全球信息通信技術助推社會抗議的發展與傳播。互聯網和社交媒體的發達，成為社會運動的信息擴散與組織的重要空間，它可以快速實現信息的跨區域甚至跨境流動，快速集齊具有相同價值追求和不滿情感的羣體。截至 2019 年，全球超過一半的人口已接入互聯網，而且根據民意調查公司 KONDA 發現，77% 的抗議者聽說並選擇通過社交媒體或互聯網參加土耳其 2013 年的 Gezi Park 抗議活動，社交媒體是 69% 抗議者的主要新聞來源。在俄羅斯，社交媒體平台 VK 的滲透率增加了 10%，抗議的概率增加了 4.6%，抗議者的數量增加了 19%。[47] 另外，互聯網的信息傳播導致了社會運動的跨境傳染，主要體現在拉美和非洲的社會運動當中。比如，像巴西和委內瑞拉選舉政體的成功，會給反體制的社會運動在小的國家獲得更多的空間與仿效，讓民眾與自己的國家精英進行競爭，爭取新的政權理念的管理實施權[48]。而埃及爆發的社會抗議活動也引發了周圍國家的仿效。

第二個重要因素是全球青年羣體的失業與就業不足。現在的社會運動，參與主體以青年人為主。在階層日益固化和發展逐漸飽和的現在，青年人要想獲得更為體面和有價值的生活變得越發困難，門檻越來越高，機會越來越少。歐美國家大部分年輕一代的社會地位和職業發展沒有父輩高。部分國家的經濟發展緩慢與停滯，更減少了年輕人的就業機會。據統計，自 1991 年以來，全球青年

47 Tufekci, Z & Christopher. W, "Social Media and the Decision to Participate in Political Protest: Observations From Tahrir Square," Journal of Communication 62, no. 2 (2012): 363–79, https://doi.org/10.1111/j.1460- 2466.2012.01629.x.
48 Almeida. P & Allen. C.U, Social Movements Across Latin America, in: Paul. A &Allen. C. U(editors), Handbook of Social Movements across Latin America, Springer Netherlands (2015), pp3-12

失業率增長了 37.2%，從 9.3% 上升到 12.8%，中東和北非達到 26.2%，希臘的青年失業率也達到了 39.3%，南非的青年失業率達到了驚人的 53.2%[49]。另外，新自由主義發展理念下，國家與資本的聯盟，往往會損害勞動羣體的權益。在那些經濟發展尚可的國家，政府為了減少資本的發展成本，開始大規模推行非正規的勞工制度。非正規的就業人員逐漸增多，很多年輕人面臨着更多制度產生的不穩定的就業困境，往往也是引發年輕人社會抗議的重要根源。比如韓國的非正式工社會運動的興起[50]與法國 2010 年大罷工，抗議政府出台的關於青年的臨時性就業政策，允許僱主在合同期前兩年內無條件解僱員工[51]。

第三個具有高度共性的社會運動議題是環境與氣候。根據 CSIS 的報告，在全球的社會抗議浪潮中，環境與氣候議題佔據非常重要的比重，2019 年共有 168 個國家發生與環境和氣候相關的大規模社會抗議活動，主要集中在歐洲和北美。[52] 歐洲與北美對環境與氣候的關注，主要源自對人與自然關係之間的思考，呼籲建立一種人與自然之間更為和諧關係的價值追求。而在非洲和南美爆發的氣候抗議活動，主要源自氣候變化帶來的乾旱，糧食減產，水資源安全與不足等現實問題。另外，像中國等東亞社會，對氣候與環

49 "Unemployment, youth total (% of total labor force ages 15-24)," World Bank Group, Accessed December 19, 2019, https://data.worldbank.org/indicator/SL.UEM.1524.ZS.

50 辛匡容著，郭懋安譯，全球化與勞動的非正式化 —— 韓國工會運動與社會運動 [J]，國外理論動態，2011(05): 31-39

51 鄭吉偉，郭發：金融危機後西方新社會運動發展的新趨勢 [J]. 國外理論動態，2019(09): 54-63

52 Brannen, S. J. & Cristian, S. H & Katherine. S, The Age of Mass Protests Understanding an Escalating Global Trend, pp18-20

境問題的關注，更集中到環境污染對自身生活和居住安全的影響。比如，反對垃圾站的修建和相關能源項目的建立。

除了以上這些因素，全球教育水平的提高，社會權利意識的覺醒，城市化水平的提高及其帶來的問題等等也是引發全球社會運動的重要原因。任何一個國家和地區的社會運動本質都不能被簡單的歸納為是「政體政治」或「生活政治」，該階段內的社會運動總體上呈現出二者混合在一起的更為混雜的特徵。當然，區域間也有差異。

北部非洲和中東國家有一些共同特徵：在經濟領域，經濟結構的單一和經濟自由化政策，尤其是 2008 年以來的全球金融危機對各大經濟體造成的衝擊，令各國居民失業率上升、生活水平下降、物價飛漲，構成羣眾反抗政府的主要原因。在政治領域，北非中東國家的領導人長期執政及衍生的官場腐敗、裙帶關係現象，嚴重削弱了各國政府的合法性。在南部非洲地區，社會運動要求政權賦予抗議羣體新的社會身份，而非局限在具體的利益問題當中。他們的社會運動不但抵制政治與行政力量對日常生活的干預，也提出人權政治方面的一系列要求，反映了非洲大部分國家軍事力量政權對民眾人權的忽視。由於非洲多個國家長期一直由同一個政黨執政，該地區的社會運動更為艱難。在運動的訴求表達上，一方面以此表達對長期由一個政黨執政帶來的各種弊病的不滿，同時希望通過社會運動推動政府的民主化進程以及政府管理和領導能力的提升，改變原有的家族統治，腐敗，不透明的治理模式[53]。另一方面，非洲各

53　Jreisat. J, Transition of governance in Egypt, in: Vanden, H.E. & P. N. Funke. & G. Prevost (Eds.), The New Global politics, global social Movement in the Twenty-First Century, New York (2017), pp.81-94

國社會運動的力量及其對政府的影響非常有限。一黨主導的政治體制使得社會運動的組織者傾向於和現有執政黨合作，運動很快便熄滅[54]。所以，南部非洲的社會運動主要還是一種以表達不滿和訴求為主的社會運動，其政治性並不強。

與非洲的社會運動不同的是，拉美的社會運動具有強烈的反建制性。拉美的經濟停滯及其債務危機，使得大部分國家的民眾對於現有的發展理念與政治原則大為失望，更反對全球化與新自由主義對社會產生的負面影響。各個國家按照自己在全球系統中的位置以及分享到該體系的利益的不同，其社會運動也呈現出不同的特徵，形成了改革派與反體制派。比如，阿根廷、巴西等國家享受到較多全球化的利益，其社會運動主張在國家內部進行財富重新分配，在經濟發展與自由貿易政策方面比較保守，沒那麼反對全球化，在減少國內不平等方面也追求相對溫和的措施。而像玻利維亞和委內瑞拉等處於全球體系的邊緣國家，認為在現有的體制下，自由和平等都是不可能的，只有在一個變化了的世界裏，兩者才有可能實現，這些國家的社會運動往往具有反體制的特徵。[55] 反體制派往往與具有社會主義理念的政黨聯合，致力於建設「新社會主義」（民主社會

54 Prevost. G, South African social movements: Between confrontation and cooptation, in: Vanden, H.E. & P. N. Funke. & G. Prevost (Eds.), The New Global politics, global social Movement in the Twenty-First Century, New York (2017), PP.156-171

55 Almeida. P & Allen. C. U, Social Movements Across Latin America, in: Paul. A & Allen. C. U (editors), Handbook of Social Movements across Latin America, Springer Netherlands (2015), pp3-13

主義）政權與國家 [56]，拉美的社會運動也因此被稱之為「粉紅浪潮」。

亞洲的社會運動按文化的不同可分為東亞和南亞。南亞的社會運動也具有較強的政治意味，而且與宗教文化相融合，展現出更為複雜的特徵。以印度為例，印度的社會運動具有很強的反對不平等的內核特徵，但是在其外在的表現方面，無論是運動的形式還是政府對其的回應，都避開傳統的馬克思主義關於階級以及後物質主義的新社會運動所具有的意識形態基礎，取而代之的是以種姓、宗教、性別為中心的多元動員基礎的社會經濟認同。[57] 而印度中北部地區的毛派社會主義運動，又呈現出強烈的「政體政治」的反體制的傾向。而東亞的韓國與日本，其社會運動雖然也表達對新自由主義帶來負面影響的不滿。但是，近些年社會運動的表現形式呈現出獨特的「文化性」和「社會性」的特徵。比如，韓國的「燭光守夜」類的社會運動，拒絕與具有激進傾向的社會團體加入與合作，以一種更為和平的集體行動表達自己訴求與不滿。[58] 日本的社會運動也具有社會性的特徵，比如，持續多年的由「不穩定無產者」組織的「五一大遊行」由很多色彩，舞蹈和音樂等文化工業元素組成。這樣

---

56 拉美很多國家都建立了具有新社會主義理念的政黨即獲得執政權，巴西、危地馬拉、哥倫比亞等國家的社會主義政黨的成員數量不斷增加，且獲得不少議會席位。委內瑞拉的統一社會主義黨從 1999 年執政之後，連續贏得後來的總統大選，共執政 14 年等等，詳見崔桂田，鄒煥梅. 拉丁美洲社會主義運動現狀和走勢研究 [J]. 當代世界社會主義問題，2012(03): 100-108，

57 Abraham. A, Making sense of contemporary social movements in India, in: Vanden, H.E. & P. N. Funke. & G. Prevost (Eds.), The New Global politics, global social Movement in the Twenty-First Century, New York (2017), PP.234-250

58 KIM. H, Online Activism and South Korea's Candlelight Movement, in: Franceschini.I & Nicholas. K & Kevin. L (Eds), Dog Days: Made in China Yearbook 2018, ANU Press. (2019), PP.224

的社會運動與傳統的具有統一的利益訴求和嚴肅的政治討論的社會運動相比，更重視個性化、及時行樂和人際關係的和諧。運動的參與者滿足於從運動中的音樂、舞蹈與嘶吼中獲得的快感與發泄，結束之後他們又會回到原來的工作或宅在家裏。這樣的社會運動更符合日本社會的「宅」文化，彷彿是為日常生活中獨立生活的個體們提供一場社會交往活動，更注重過程而非最終的政治訴求。[59]

　　歐洲與北美的社會運動，一方面秉持了制度化的社會抗議活動的發展，另一方面也呈現出較為激進的一面。總體上的特徵是對政府與執政黨在民主退化與促進經濟發展，提升社會平等方面的無效感到普遍不滿。可是，這些不滿又不像拉美的社會運動一般有明確具體的目標來取代現有的政治與經濟體制，整個社會瀰漫着不滿的情緒，卻找不到更為明確的方向。另外，歐美的社會抗議活動因對移民等具體問題持不同的意見，具有較強的分裂社會統一性的特徵。也說明，民主政治制度所具有的有效統合社會的功能是建立在社會具有一致性認同的基礎上，否則民主制度反而成為分化社會的幫兇，遠離建立統一秩序的政治初衷。

　　與這些地區的社會運動相比，中國的社會運動主要是由社會體制轉型所引發的一種反應性維權，主要是一種議題式抗爭活動[60]。這樣的反應性維權運動，本質上是一種民眾爭取社會自我保護的抗

59　從絕望到反抗：日本不穩定勞動者的社會運動
60　于建嶸. 抗爭性政治：中國政治社會學基本問題 [M]. 北京：人民出版社，
　　2010：p3-5 頁和 160-163 頁

爭[61]。這類社會運動的目的在於尋求國家對權力表達和承認的可能性，而非自治。而且在策略上，將中央政府視作是可信賴的，維護民眾權益的重要主體，以獲取中央政府的支持來共同抵制地方政府和侵權對象，既不挑戰黨的規則，也不要求政權的改變。由於國家對社會運動的高度管治，對於組織者的嚴厲懲罰，在中國難以發生跨區域和跨領域的社會運動，民眾的社會抗議傾向於非合作以及缺乏持續的組織與領導的特徵。因此，在運動的形態上也具有分散性與即時性的特徵。

---

61 Liu, S. D, Demanding state intervention New opportunities for popular protest in China, in: Vanden, H.E. & P. N. Funke. & G. Prevost (Eds.), The New Global politics, global social Movement in the Twenty-First Century, New York (2017), PP.234-250

四、催生社會運動爆發的條件：
中國與其他國家地區的比較

　　對社會運動各方面的研究進行梳理後發現，社會運動的爆發是一個綜合全面的過程。從觸發社會運動的誘因，到國家對社會運動的態度（政治機會結構），還有不同國家的決策類型以及社會運動具有的資源（社會組織網絡）與各國社會運動的歷史與文化，都是引發、塑造和決定社會運動的發展、形式、規模以及國家對其回應差異的重要結構因素。因此，本部分選取幾個區域的部分國家，進行個案的比較性論述。

（一）國民收入、社會不平等與社會運動的產生

　　世界各地的歷史與現實經驗表明，大規模社會運動的爆發往往與經濟的發展緊密相關。在一定程度上，經濟的發展關係到人們的就業與生存，尤其對城市居民更為重要。一般情況下，當人們的生活與生存難以得到保障，並受到外力破壞的時候，普通民眾最容易「揭竿而起」。而在過去的 30-40 年中，中國的經濟隨着經濟與社會體制的轉型迎來高速增長期。從 1978 年到 2015 年，中國已經從一個貧窮、不發達的國家發展成為世界領先的新興經濟體，佔世界 GDP 比重從 1978 年的不足 3% 上升到 2015 年的 20%。人均實際

的國民收入也從 1978 年的 6000 元增加到 2015 年的將近 6 萬元，以平均每年 6.2% 的比率在增長，這與大部分國家緩慢甚至是滯漲的經濟發展情況相比，更有利於中國社會的穩定。

　　經濟增長的同時，中國的再分配政策也在不斷變好，逐漸轉向與民分利。公共財產在國民財富中的比重從 1978 年的 70% 左右下降到 2015 年的 30% 左右。這一比例遠超二戰後西方國家的混合經濟中的 15%-25% 的比例。較高的公共財產比例，可以維護和確保中國的國家經濟自主性，從而保障國家在減貧事業中的基礎，維護社會的公平。而在西方國家，不僅經濟增長面臨困境，公共財產在國民財富中的比重已經大幅度下降，甚至轉為負。[62] 比如，美國、英國、德國、法國與日本的數據分別 -3%、-4%、4%、3% 左右[63]。拉美和非洲的很多國家情況更為嚴重，面臨着嚴重的債務危機。在 1982—2000 年間，拉美國家僅歸還外債利息便高達 14,520 億，是全部外債的 4 倍還多。以 2004 年為例，拉美國家的外債達到 7230 億美元[64]；根據世界銀行和國際貨幣基金組織的數據，2016 年非洲國家整體的債務率也高達 50%。

　　在這些國家，高債務率對社會穩定主要有三方面的負面影響。第一，國家的高債務率意味着民眾從國家經濟增長中的利益分配讓位於債務償還，進而提升了民眾的不滿與被剝奪感。民眾社會運動

62　Piketty. T & Li. Y& Gabriel, Z, Capital accumulation, private property and rising inequality in china, 1978-2015, https://www.nber.org/papers/w23368

63　Alvaredo. F & Lucas. C &Thomas. P & Emmanuel. S, Gabriel Zucman, World inequality report 2018, https://wir2018.wid.world/

64　靳輝明 . 新自由主義的危害與拉美左翼運動的崛起 , 江漢論壇，2014(2): 5-8

要求政府首先滿足地方需求，也是拉美社會運動的重要內容之一 [65]。

第二，國家高債務率與新自由主義的結合，使社會正義遭受資本的進一步侵蝕。1979 年的金融危機爆發之後，全球的南方國家不得不通過世界銀行和貨幣基金組織管理的結構調整方案實現危機的扭轉。作為對新貸款和債務重新安排的回報，全球南方國家不得不採取一系列的新自由措施，通過貨幣貶值來提高貿易平衡，為了減少對外部資本供給的需要，公共支出被縮減；通過取消補貼來放鬆對價格和商品市場的管制，以增強競爭；降低工資以鼓勵資本流入；公用事業私有化，以提高效率等等 [66]。伴隨着這個過程的是，發展中國家的道德經濟受到新自由主義改革的侵犯，社會邊緣化羣體的生計和生存基礎受到破壞，他們以政治主體的身份出現在社會運動當中。第三，國家公共財產不足，弱化了國家在推動減貧等社會正義事業的基礎，不利於社會穩定。

另外，在此期間世界各地的社會經濟分化與不平等的程度在日益加劇，中國的社會不平等水平也在不斷增加。1978 年至 2015 年間，中國收入前 10% 的人羣佔國民收入的比例從 27% 上升到 41%，而收入靠後的 50% 的人羣佔國民收入的比例從 27% 下降到 15%，這一比例低於世界上大部分國家與地區，詳見表 4。

65 Wickham-Crowley. T. P & Susan. E. E, "There and Back Again": Latin American Social Movements and Reasserting the Powers of Structural Theories, in: Paul. A & Allen. C. U (editors), Handbook of Social Movements across Latin America, Springer Netherlands (2015), pp.25-43

66 Motta. S. C. & Alf. G. N,Social Movements and/in the Postcolonial: Dispossession, Development and Resistance in the lobal South, in: Motta. S. C. & Alf. G. N (editors), Palgrave Macmillan (2011). pp1-35

表 4：2015 世界部分國家收入為前 10% 人口與

後 50% 的人口各佔國民收入的比例（單位 %）[67]

	中國	美國	法國	德國	俄羅斯	南非	日本（2010）	韓國	印度	智利	世均
前 10%	41.4	47.3	33.1	36.7	45.5	65.1	41.6	43.1	56.1	54.9	52.2
後 50%	14.8	12.5	22.3	18.6	17	6.3	/	/	14.7		9.7
差值	26.6	34.8	10.8	18.1	28.5	58.8	/	/	41.4		42.5

　　通過對比上表中分佈在不同區域的幾個國家，可見中國社會的經濟平等性低於歐洲的法國、德國，高於美國、印度等其他國家。中國社會間的經濟不平等可能帶來的社會矛盾，被高速增長的經濟與國民收入抵消一部分，降低爆發大規模社會運動的可能性。同為東亞的日本和韓國，雖然沒有具體的數據顯示，但從兩個國家的相關文獻中可感知到，它們的社會不平等水平遠大於中國。比如日本出現「下流社會」[68]，韓國存在大量居住在半地下的家庭。但是，韓國和日本與中國一樣，在歷史上進行過土地改革。有學者認為土地改革帶來的經濟利益的開放性與包容性，對於減少社會不平等發揮重要作用，而且有助於推動政權的民主轉型與鞏固，減少整個社會暴力的發生。[69] 可見，即使韓國和日本的貧富差距不小，但社會總體相對穩定。一是得益於現代以來的土地再分配，二是得益於民

67　數據來源 World equality Database https://wid.world/zh/home-cn/

68　「下流社會源自日本學者三浦展的著作《下流社會》，指的是日本社會階層固化之後，中產逐漸減少，年輕的一代奮鬥熱情不斷減弱，屬階層往下流動的群體，也形成新的「下流階層」。

69　道格拉斯．諾思等編著，劉波譯，暴力的陰影：政治、經濟與發展問題 [M], 北京：中信出版社，2018 年第 320-350 頁 .

主政體的鞏固與發展。在這兩個國家，除了特殊事件引發的社會運動之後，普通職工和非正規就業羣體組織的社會運動是社會運動的常態。

南非與印度的情況正好與此相反，兩個國家在獨立之後均選擇了民主政治制度。可是，政治上的民主並未賦予兩個國家民眾在經濟上的民主權利。這兩個國家傳統上基於種族和種姓的經濟結構不平等在新政權下並未被打破，甚至在新自由主義的發展理念下進一步強化。上層社會的羣體依然能夠從新的經濟利益以及發展機會中獲得更多，促使兩個國家的階層、種姓與性別不平等進一步加劇。由於歷史上形成的階層、羣體、種族、種姓等不平等固化的長期存在，即使實現政體的民主化轉型，這兩個國家的政府與國家機構實際上成為上層社會的「私人機構」，一方面他們不會推行不利於自己的政策，另一方面國家經濟自主性的弱化，在提供公共服務和改善不平等方面顯得無能為力。[70] 因此，南非經常發生以當地黑人為主的「服務提供型」社會抗議[71]；印度的社會運動以低種姓的「達利特人」、婦女呼籲權利以及實行社會主義集體所有制理念的社會主義運動為主。在巴西，因土地私有化而爆發了全世界著名的無土地工人運動（MST），該運動延續了 30 年。到 2009 年，據報道該運動已發起了 23 萬項土地佔領活動，並形成了 1200 個土地改革定居點，在巴西 26 個州中的 23 個州建立了活躍的組織，幫助超過 14.6

70 Nielsen. K. B & Alf. G.N. (editors), Social movement and the state in india, deepening democracy? Palgrave Macmillan (2016).
71 Prevost. G, South African social movements: Between confrontation and cooptation, in: Vanden, H.E. & P. N. Funke. & G. Prevost (Eds.), The New Global politics, global social Movement in the Twenty-First Century, New York (2017), pp.156-171

萬個家庭獲得了 500 萬公頃的土地[72]。同樣，智利近幾年爆發大規模持續性的全國性中學生、大學生社會運動，反對政府的教育私有化政策，能源市場化的做法也引發了大規模的社會抗議。

可見，經濟發展減速、停滯，就業機會減少，失業率增加，國家在提升居民收入水平、提供公共服務與減少貧困方面的無能為力，構成了激發歐洲、拉美和非洲等國家社會運動的大環境背景。該背景下全球各地的社會運動，不僅僅是一種追求新的生活方式的價值追求，傳統的階級、不平等等結構性因素依然發揮重要作用。

（二）政治機會結構、公共決策類型與社會運動的產生

中國近幾年的社會運動情況與世界上大部分國家相比較為樂觀，主要得益於較好的經濟發展形勢。可是，中國與大多數發展中國家一樣，其經濟與社會政策也在朝向新自由主義方向改革。本來中國社會中的底層與邊緣羣體應該與其他發展中國家的底層民眾具有相似的遭遇。可中國的經濟與社會體制改革產生的矛盾以及爆發出的社會運動，其規模、頻率及持續性卻遠低於其他發展中國家。

社會運動的發生，並不僅僅與各國的經濟發展互相關聯。若將社會運動視為集體訴求表達的方式之一，其一方面與各國的公共決策類型緊密相關，另一方面與各國的政體類型緊密相連。對於前者而言，如果民眾的聲音與需求能夠被納入到公共議程當中，那麼在

---

72 Wickham-Crowley. T. P & Susan. E. E, "There and Back Again": Latin American Social Movements and Reasserting the Powers of Structural Theories, in: Paul. A & Allen. C. U (editors), Handbook of Social Movements across Latin America, Springer Netherlands (2015), pp.25-43

一定程度上其採取集體抗議來表達需求的可能性便大大降低；而後者涉及到社會運動發生的政治機會問題。一般而言，民主政體的國家，將民眾舉行遊行、示威、集會等視作民眾重要權利，並以制度化的形式來保障民眾行使這項權利。而威權政體國家對於社會運動具有不同的看法，往往將大規模的社會運動視作是威脅政體統治與穩定的危險因素，而在實踐層面加以限制和阻止。按照查爾斯·蒂利的看法，民主化的水平本質上代表了民眾與政府代理人之間的協商關係受到保護的程度[73]。也就是說，民主化程度越高的國家，無論是在公共政策議程當中，還是通過集體行動的方式，民眾參與協商的權利均得到較大的保護。在採取民主政體的國家，更容易發生社會運動。中國具有威權政體的特徵，這是學術界普遍認同的一個概念。這種威權特徵與社會運動之間的關聯主要表現在兩方面。首先，公眾參與公共政治的進程以及參與公共決策的過程。中國的制度性社會參與以及公共決策體制具有以精英階層為主導的特徵，廣大民眾的需求與訴求主要通過精英羣體的體認以及體制內的黨政幹部的考察、認定而進入政治系統內部。這樣的權益訴求輸入制度，一方面容易隨着精英以及黨政幹部個人的喜好而被刷選、過濾，另一方面由於精英羣體和黨政幹部對政權的高度認同而弱化了某些問題。另外，在晉升錦標賽壓力下的經濟績效和政績導向，往往導致地方政府主動忽視公眾的利益。民眾的制度化利益表達渠道在這樣的官僚系統中難以突破地方政府的決策體制，因而無法對公共決策

73　查爾斯·蒂利著，陳周旺、李輝、熊易寒譯. 歐洲的抗爭與民主 [M]. 上海：上海人民出版社，2008 年第 21 頁。

議程產生實質性影響。[74]

　　這樣的社會參與和決策體制，本質上具有很強的封閉性，不同於西方國家，政策過程中的利益表達與決策主要由政黨、社會組織等集體代表來承擔。與西方國家的外部輸入性社會參與體制相比，中國在體制轉型與社會利益分化較大的時期，由精英作為主體的社會參與決策體制難以涵蓋多樣化的社會利益與訴求，便容易引發社會運動。比如，2010 年有學者的抽樣調研表明，當遇到問題時，多數人（51.6%）有明確的體制外維權傾向，選擇將事情「鬧大以求解決」[75]。再比如，對於中國勞工運動的研究顯示，中國工人罷工的原因，一是缺乏一個能夠代表工人與管理層進行集體談判的有效工會；二是缺乏有助於和平與建設性地解決集體勞資糾紛的機構。這樣的現實困境只能迫使工人除了訴諸罷工和其他形式的集體行動，除此之外別無選擇。[76] 按此推論，其實中國精英主導的社會參與及決策體制更容易催生社會運動。

　　但是，為了應對社會利益分化和多元化與社會參與決策體制的單一性之間不一致可能引發的多種矛盾與衝突，中國的官僚系統形成一套「剛性維穩」體制。這種「剛性維穩」以社會的絕對安定為管治目標，以壓力型體制為基礎，將矛盾、糾紛的處理作為地方政府的重要考核指標，以此來避免羣體性事件等社會運動的發生、擴散

74　馬勝強，吳羣芳．政治機會結構視域下公衆非制度化利益表達的發生機理—基於環境羣體性事件的案例分析 [J]. 天津行政學院學報，2019(02): 74-80

75　張荊紅．「維權」與「維穩」的高成本困局 —— 對中國維穩現狀的審視與建議 [J]. 理論與改革，2011(03): 61-63

76　Crothall. G, China's Labour Movement in Transition, In: Franceschini. I & Nicholas. K & Kevin. L (Eds), Dog Days: Made in China Yearbook 2018, ANU Press. (2019). PP 32-39.

與負面影響。[77] 為了避免事態進一步擴大，地方政府的策略更傾向於協調與談判，甚至是消滅（拿錢收買），而不是納入制度內予以解決。在這樣的體系下，一方面，中國的社會運動與過去相比大量增加；另一方面受到政府的高度管控。此外，中國的抗議者將中央政府視作是可信賴的，也是其支持者[78]，進而形成「以理抗爭」、羣體上訪等聯合中央政府來共同抵制地方政府的社會運動形式。這樣的社會運動，既不挑戰黨的規則也不要求政權的改變，他們主要尋求中央政府的認可[79]，形成獨具中國特色的社會運動發生與管治體制。

但是，有必要指出的是，很多民主政體的國家，其民眾的公共議程參與和決策的實質性效果也很差。比如，拉美很多國家政府體系的腐敗和不透明在全世界有名，警察等政府機構甚至成為犯罪集團的保護傘。而很多非洲國家，即使民主政體與過去相比，對社會參與具有很大的開放性與包容性，但真正的參與決策權依然掌握在上層的統治階層手中。比如，剛果 2001 年之後的第三代政府的施政點是五大建設領域（基礎設施、醫療與教育、水電、住房和就業），但這一計劃未能落實。2011 年，民眾依然無法普遍獲得水、電、更好的交通與衛生條件，醫療與教育的改善也未實現。因此，

---

77 于建嶸. 抗爭性政治：中國政治社會學基本問題]M]. 北京：人民出版社，2010 年，第 39 頁。

78 Liu, S.D, Demanding state intervention New opportunities for popular protest in China, in: Vanden, H.E. & P. N. Funke. & G. Prevost (Eds.), The New Global politics, global social Movement in the Twenty-First Century, New York (2017), PP.234-250

79 Liu, S.D, Demanding state intervention New opportunities for popular protest in China, in: Vanden, H.E. & P. N. Funke. & G. Prevost (Eds.), The New Global politics, global social Movement in the Twenty-First Century, New York (2017), PP.234-250

一些學者認為，在這些政治動亂的國家，對於執政者而言，主要動力並不是為公眾提供公共服務，而是鞏固他們經常不穩定的執政地位與從執政中獲得的利益。[80] 鄭永年教授認為，「在歐美民主核心之外的國家，西式民主沒有深厚的文明基礎，民主似乎可以隨時變成政治人物的玩物」[81]。因此，當執政者未能兌現競選時的承諾時，會導致選民非常失望，他們便會訴諸於社會抗議的方式給執政者施壓。

一般情況下，社會運動在民主政體可觸發公共政策議程的設置與變更。弗蘭克·鮑姆加特納對美國政治議程的研究顯示，社會運動可以打破政策議定次級系統的壟斷權限，通過引起不同次級系統之間的競爭，迫使議題進入國會舉行聽證決議。比如，上個世紀 70 年代之後美國農業系統推行的殺蟲劑議題，因社會對其危害性的關注，該議題又在健康、衛生和環保系統進行聽證。最終，導致推行殺蟲劑的議題從正面轉向負面，被限制。這樣的議程決策過程，最終還是由國會中佔多數席位的黨派決定，也就是多數人支持的黨派的議員決定。[82] 所以，在民主政體的形式下，無論是在官僚體系運作正常的時刻，還是在腐敗，治理無力的情況下，社會運動均是表達社會訴求的重要方式，其狀態會隨着政體運轉的正常與否在制度化與反建制化之間擺動。這在一定程度上也證明西式民主國家與社會之間是一種 State in society 的關係，顯然社會力量更佔

---

80 道格拉斯．諾思等編著，劉波譯．暴力的陰影：政治、經濟與發展問題 [M]. 北京：中信出版社 2018 年，第 108 頁。

81 鄭永年：西方式民主的危機及其倒退 https://mp.weixin.qq.com/s/X33fEbhfY-hdbA7ew0n-wQ

82 弗蘭克．鮑姆加特納著，曹堂哲譯．美國政治中的議程與不穩定性 [M]. 北京：北京大學出版社 2011 年。

據主導地位。

（三）社會組織資源、社會抗爭文化與社會運動

即使社會運動的誘因相同，可是其可依託的組織資源，對於社會運動的產生、發展與消解具有重要的作用。另外，社會運動的發展也與各國的文化緊密相關。

從文化層面來看，傳統帝制時代中國的家國體制，便將社會運動放置在一個非正當性的地位，難以輕易發動。與此相匹配，中國社會有一套「告狀」的制度，在帝制時代通過民眾向政府告狀，來獲取坊間的信息，以此來建言立政，下情上達。新中國之後的信訪制度具有相同的功能。這樣的制度，鼓勵民眾通過官僚系統內部來反映和解決問題，而非通過社會力量，形成一種偏好「上訪」的社會訴求表達文化。[83] 即使在權利意識覺醒的現代社會，大部分中國民眾依然認為發動社會運動不具有正當性。與此相對應，更注重文化與民族集體性的東歐各國，與西歐各國相比，社會運動也相對微弱。而在西歐各國內部，法國這個老牌資本主義國家，卻總是發生反對資本主義（新自由主義）的社會運動，這與法國大革命留下的抗爭文化緊密相關。在東亞，同樣作為執行民主政體的新式民主國家，韓國的社會運動直接推動了軍事獨裁的崩潰與民主政體的形成，比日本的社會運動更為激進。日本本身深受民族共同體文化的影響，對於弱化社會運動具有重要作用。南美與非洲各國相比，因

---

83 封麗霞. 中國人為甚麼「偏好」上訪？ —— 一個法文化視角的觀察 [J]. 理論與改革，2013(04): 74-80

其在歷史上受歐洲各個殖民宗主國的影響更深，更具有社會運動的傳統，而對於非洲很多原住民與部落羣體而言，自由、民主、權利思想影響較弱。

除了各國內部是否具有社會運動的文化之外，非政府組織力量的參與也是社會層面催生社會運動的重要因素。非政府組織又可分為國內與國外兩股力量，在不同的國家，兩股社會組織力量發揮的作用也不相同。南非的社會運動除了以本國黑人為主發動的當地運動之外，主要以一些與國際社會有聯繫的社會運動為主，主要是由白人領導的圍繞愛滋病毒和環境問題組織的社會運動[84]。印度的「達利特人」賤民運動不僅與國內的社會組織聯繫，也與國際網絡互相關聯。在國際層面有達利特人權全國委員會（NCDHR），與人權觀察等國際民間社會組織結成聯盟。2000 年建立國際達利特團結組織，將國家人權委員會等國內達利特組織與海外團結組織和民間社會組織聯繫起來，國際捐助者和外國政府援助機構為他們提供資金。2001 年，組織參與在德班舉行的反對種族主義世界大會等。多年來，達利特社會運動在這些和世界社會論壇等其他國際場合的努力，成功地與全球人權機構建立了跨國聯繫，有力地闡明了將基於種姓的歧視納入國際法範圍的重要性，並獲得了國際機構的承認。[85] 這不僅為印度的賤民運動提供了物質保障，而且助推印度賤

84 Prevost, G. South African social movements: Between confrontation and cooptation, in: Vanden, H.E. & P. N. Funke. & G. Prevost (Eds.), The New Global politics, global social Movement in the Twenty-First Century, New York (2017), PP.156-171

85 Abraham. A. Making sense of contemporary social movements in India, in: Vanden, H.E. & P. N. Funke. & G. Prevost (Eds.), The New Global politics, global social Movement in the Twenty-First Century, New York, PP.221-234

民運動的進一步發展。在拉美，國際性的環保組織不僅策劃當地的環境運動，而且還參與更為環保的項目與議案的寫作，以此來影響國家的環境政策[86]。歐美國家本就是這些國際性社會組織主場，也是發動一系列社會運動的主體。

在中國，即使 80 年代之後，為了與國際社會保持一致，社會組織與社會運動的空間變大[87]。但是，對於那些來中國從事人權運動的國際性社會組織，在中國依然不受歡迎。比如，2015 年廣東公安機關打掉一個長期接受境外組織資助、在境內插手勞資糾紛事件、蓄意挑動工人罷工的社會組織（番禺打工族文書處理服務部）。這個「打工族」服務部，在 2013—2015 年短短兩年時間裏，頻繁插手廣東各地的勞資糾紛 29 起，包括廣州中醫藥大學附屬醫院罷工事件、廣州軍區總醫院罷工事件、大學城罷工事件等等[88]。因此，缺少外國社會組織的力量，中國社會內部發生社會運動的可能性不大而且很容易被化解。

國家內部的社會組織力量對於社會運動也有重要影響。在中國，工會、村委會、居委會等自治組織作為一種半官方的社會組織其實已被納入官僚系統內部，與政府共同構成一個治理共同體。而

86 Silva. Eduardo., Mega-Projects, Contentious Politics, and Institutional and Policy Change, European Review of Latin American and Caribbean Studies / Revista Europea de Estudios Latin americanos y del Caribe, No. 106 (July-December, 2018), pp.133-156

87 Kuah-Pearce, K.E. & G. Guiheux. Framing Social Movements in Contemporary China and Hong Kong, in: Kuah-Pearce, K.E. & G. Guiheux (Eds), Social Movements in China and Hong Kong, Amsterdam University Press, Amsterdam 2009, pp.9-25

88 張麗琴. 從衝突到協商：工人罷工之行動邏輯及治理邏輯 —— 以廣東「利得罷工」為例 [J], 南京航空航天大學學報，2018(01): 47-50

有學者認為，此外出現的草根階層的社會組織，對於中國的社會抗議並沒有幫助，也成為一種國家治理地方社會的方式。比如，民間宗教組織、地下教會、中國傳統舞蹈或音樂的俱樂部以及宗族協會等等，他們受到政府的鼓勵與幫助。一方面，通過這些社會組織為基層社會提供給公共品，以此強化地方精英的威望與道德權威，並吸納這些精英羣體來治理社會。另一方面，國家通過這些組織的精英來理解社會，使得國家理解、蒐集公民信息，使得跟蹤他們的行為和態度變得更加容易。也就是說，這些草根組織，可以幫助國家滲透到地方社會。[89] 國家對社會的深度滲透與管治，也導致中國社會運動發生的艱難性，及易在萌芽中被扼殺。

與中國不同的是，在西方發達國家，社會組織一直是為了羣體的權益與國家、政府等對象進行集體談判的重要組織，也是發動與承載社會運動的重要載體。以工會為例，在歐洲內部，不同國家的工會力量在維護勞工權益方面均具有重要作用。在北歐國家，工會的覆蓋率很高，在 50% 以上，部分國家達 80% 左右，因為工人只有加入工會才能享受集體談判得來的權益。英、德以及南歐幾國的工會隨着新工人羣體的出現，其工會基礎較為弱化，但依然保有實力，覆蓋率在 20%-50% 左右。這意味着在這些國家，工人維權更多依靠常規性的工會的集體談判，較少採取運動類的形式。在工會最不發達的國家，西班牙和法國，只在 10% 左右。這是因為這兩國的工會政治性較強，對工人的吸引力下降。法國工會主要從事政治性的活動，它們的主要活動領域不是同僱主展開談判，而是致力

89 Mattingly, D.C, The Art of Political Control in China, Cambridge University Press 2019, pp.1-23

於改變國家有關勞動和福利的立法，使所有僱員都能受惠，而它們的主要方式便是發動運動。

在傳統工會的集體利益代表功能逐漸弱化的情況下，一些國家又成立新的勞工組織來維護羣體的權益。比如，依託美國工會的傳統勞工運動，在很多方面是建制派的一員。隨着新自由主義的推行與移民勞工的增加，傳統工會的覆蓋率逐漸降低，從 1970 年的 22.6% 降到 2017 年的 10.7%[90]，而新的勞工組織（工人中心）又得以成立，該組織促成了近年來美國移民權利運動的興起[91]。在韓國，上個世紀 80 年代末開始的無工會組織的工人罷工，為工人羣體爭取了不少權利，其中包括在私人企業組織工會的權利。實行新自由主義理念之後，韓國也成立非正式工會，並推動新工會運動興起。非正規工人運動與社會運動互相結合，擴大了工人運動的影響力，迫使韓國政府修改勞動法，改變私人企業只關注公司正式員工利益的狀態。[92] 比如，在 21 世紀初，韓國的製船企業為了降低成本，集體解僱了一批非正式工人。工人舉行罷工之後，在製船企業內部成立非正式工人工會。最後國會就這件事舉行電視聽證，僱主又重新僱用了 94 名工人。[93] 可見，尋求組織化的力量進行對抗，是這些國家

90 趙鳳霞，論美國工會及其對美國政治的影響 [D], 遼寧大學碩士學位論文，2019 年。

91 Milkman, R. The Double Game of Unions and the Labor Movement, in: Jasper. J.M. & Jan .W.D (Eds.), Players and Arenas, The Interactive Dynamics of Protest, Amsterdam University Press. (2015) pp.169-186

92 辛匡容著，郭懋安譯. 全球化與勞動的非正式化 —— 韓國工會運動與社會運動 [J]. 國外理論動態，2011(05): 31-39

93 Shin, W. The evolution of labour relations in the South Korean shipbuilding industry A case study of Hanjin Heavy Industries, 1950-2014, in: Varela.R. & Hugh. M. & Marcel. V.D.L (Eds), Shipbuilding and Ship Repair Workers around the World, Amsterdam University Press. (2017), PP.615-636

勞工維護自我權益的重要方式。而且，這些組織可以發展成為獨立的政黨，通過參與政治競爭來實踐自己的政治理念。比如，德國的綠黨是由環保類非政府組織發展而來的政黨，韓國 90 年代組建的民主工總（全國民主工會總聯盟）在 2000 年成立民主勞動黨，韓國總工會於 2004 年成立綠色社會民主黨。

　　而在拉美等發展中國家，新自由主義的經濟發展模式之所以引起了比西方各國更為激烈的社會運動，主要在於這些國家的社會組織（公民社會）發展不成熟。在西方發達國家，多數民眾個體可以依託和利用工會等較為發達的公民社會組織、第三部門與社會網絡，在經濟上可以實現「自我救助」與「自我保障」，而在政治上可以監督和限制政府的活動。在這樣的國家與公民社會關係之下，隨着新自由主義模式而來的失業、政府腐敗、社會失序等問題在一定程度上可以得到預防、補救和解決。而在拉美等眾多的欠發達國家，由於欠缺這樣的公民社會網絡，普通民眾難以從經濟改革中找到自我救助的組織；在政治上，缺乏組織的力量不能共享政治系統中的有關信息，必然導致腐敗盛行。因此，在這些國家，大多數民眾只能以直接發動和加入抵制新自由主義經濟模式的各種社會運動中，而且這樣的意見與訴求表達只能依靠傳統的、種族的、地方性的身份認同、社會關係和宗教組織等來維持，顯示出強烈的非統一性、非正式性和地方性的特徵。[94]

---

94 姚偉. 新自由主義經濟模式與新社會運動 ── 一種社會資本視角的宏觀分析 [J]. 社會學研究：2004(04): 18-23

五、中國社會運動的政治意義及其潛在風險

　　通過比較發現，除 2019 年香港因修例風波引發的社會運動之外，中國的社會秩序總體上處於比較穩定的狀態。

　　社會運動的發生，說明參與主體的一些想法與訴求難以傳遞到政府內部，或者難以通過正式的渠道得以解決。在這一點上，文章第一部分便指出中國社會參與和決策體制本質上是一種精英參與的決策體制。這樣的體制具有一定的封閉性與排斥性，各類精英群體形成一種對現行體制具有一定認同的，相對穩定邊界的社會統治集團。而底層和一些弱勢群體逐漸被邊緣化，這種邊緣化的程度隨着經濟與社會體制的轉型逐漸增強。這種排斥性的一個重要特徵是信息的單向流動與單向汲取，[95] 在這樣的封閉性體制下，普通群眾的切身利益容易受到忽視與侵害，而他們也容易成為社會運動的主體。可是，這樣的社會運動是以具體的議題和利益訴求為目標，不像很多國家和地區的社會運動，反抗政府和現有政權成為其社會運動的重要內容。但是，如果現有的這種具有較大封閉性與排斥性的社會參與和決策體制得不到改善，隨着民眾權利意識進一步覺醒或經濟發展形勢出現一定的困境，很難確保這種自我保護型的社會運動不

95　于建嶸. 抗爭性政治：中國政治社會學基本問題 [M]. 北京：人民出版社，2010年，第 37-38 頁

會發展成為帝制時代那種「政體政治」。中國傳統時代的經驗告訴我們，二者在特定情況下是可以轉化的，這也是當前拉美各國面臨的局勢給中國的警醒。

另外，拉美各國的局勢給中國的另一個警醒是，要在經濟、政治和社會三個方面實現同步、協調的開放性和包容性發展。國家為民眾在經濟、政治各方面創造一個開放性和包容性很強的制度環境，是一個國家能否從「有限准入秩序」走向「開放准入秩序」[96] 的關鍵，也是衡量現代民主國家的一個重要指標。在全球化資本主義的時代，即使現在的中國與其他的發展中國家相比，其國家主權並未被全球資本給取代或消解。國家仍然在調解社會衝突、重新分配資源和擴大合法權利方面發揮着主導性的主權司法作用。[97] 但如若普通民眾和邊緣羣體被排斥在政治和經濟體制之外的趨勢逐漸加強，隨着資本力量的逐漸增大，中國也難免陷入以資本利益為主要導向的國家發展格局。

此外，國家高度管控下形成的剛性維穩體制，弱化了社會自身的組織、管理與自治能力的發展。容易進入民眾有問題只能找政府、進而在封閉體制下又難以進入政府得以解決的惡性循環。對於官僚體系內部而言，在剛性維穩體制下，社會矛盾的解決容易走入

---

96 「有限准入秩序」和「開放准入秩序」是道格拉斯．諾思等編著的《暴力的陰影：政治、經濟與發展問題》一書中提出的概念，強調的是國家發展進程及其收益分配對社會各羣體的涵蓋和覆蓋的程度，完全包含的那些國家具有「開放准入秩序」，比如韓國；而發展利益主要覆蓋部分羣體的國家則屬「有限准入秩序」，比如非洲和拉美一些國家。

97 Liu, S.D, Demanding state intervention New opportunities for popular protest in China, in: Vanden, H.E. & P. N. Funke. & G. Prevost (Eds.), The New Global politics, global social Movement in the Twenty-First Century, New York (2017), PP.234-250

民眾鬧 - 地方政府壓制或者變相收買 - 民眾再繼續鬧的惡性循環。這不僅無利於從根本上解決社會矛盾，還容易「規訓」出一羣靠鬧和上訪獲利的「職業」鬧訪民眾，就如同西方社會的職業示威者。另外，剛性維穩體制是政府巨大的財政負擔，在地方政府財政日漸吃緊的現實情況下，這樣的維穩體制將難以延續，更何況這樣的體制對解決社會問題沒有實質性意義。

如何從根本上扭轉中國的社會參與體制，避免進入與拉美等國家相同的困境，鄭永年教授一直在倡導「保衛社會」。政治上，不斷落實和提高民眾在公共政策過程中的參與和決策進程；經濟上，注重二次分配進程，兼顧公平與效率，尤其是要切實落實維護邊緣羣體和底層民眾權益的制度與法律；社會上，既要扶持社會力量，允許社會力量自身參與到公共服務提供與自治的進程當中，政府也要加大公共服務的提供力度，通過「軟基建」（醫療、教育、公共住房）的建設來提升中低收入羣體的收入水平與生活質量，進而壯大中產階層，捍衛社會穩定的根基。[98] 只有將這些理念切實落到實處，中國的社會穩定局面才會實現質的轉變，從被管好的穩定變成真正的穩定。

98　鄭永年 . 保衛社會 [M]. 杭州：浙江人民出版社，2011 年。

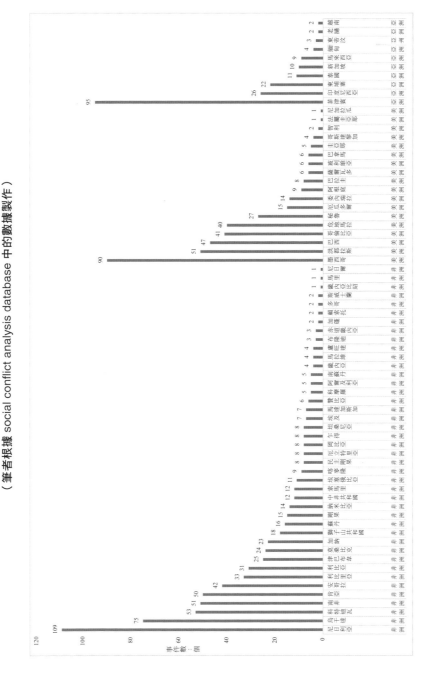

附件 1：1990-2012 非、美、亞洲部分國家社會衝突數量圖
（筆者根據 social conflict analysis database 中的數據製作）

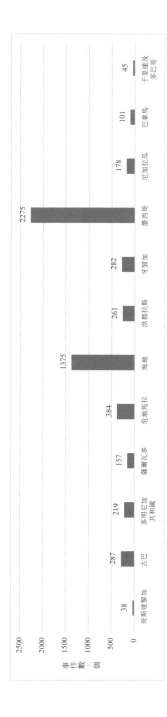

附件 2：1990-2017 非洲部分國家社會衝突數量圖
（筆者根據 social conflict analysis database 中的數據製作）

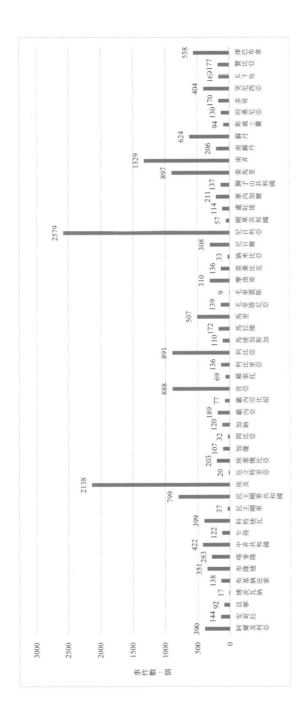

附件 3：1990-2017 拉美部分國家社會衝突事件數量圖
（筆者根據 social conflict analysis database 中的數據製作）

第四章

中國的社會如何與國家互動

一、引言

在國家與社會的關係討論中，既有研究形成了「以國家為中心」和「以社會為中心」的二元對立論述。以社會為中心的研究觀點認為基層治理的核心在於基層民主，強調社會的自治。以國家為中心的研究關心認為國家與社會的關係體現在基層治理中，強調國家對社會的參透與控制。[1] 在考察中國的治理形態時，大多海外學者研究採用國家與社會關係視角，認為「國家中心主義」或者說「黨政中心主義」是研究中國政治形態最有效的路徑，而對於社會自治性的因素鮮少關注。[2]

近年來，學者們逐漸發現國家與社會的二元對立或對抗模式難以闡釋中國治理模式的本土化特徵。在歷史的演變過程中，中國國家與社會的關係實際上形成了「二元」又「合一」的體系。以黃宗智為代表的「第三領域」研究打破了國家和社會的二元對立或對抗論述，強調了國家與社會間的「互動、互補和互塑」過程。[3] 中國的基層治理邏輯並不是國家與社會的二元關係結構，而是黨的引領與社

---

1 馬麗. 黨的領導與基層治理：嵌入機制及其發展 [J]. 當代世界與社會主義，2020(01): 163-170.

2 Bruce Gilley. Paradigms of Chinese Politics: kicking society back out. Journal of Contemporary China, 2011, 20(70): 517-533.

3 黃宗智. 重新思考「第三領域」：中國古今國家與社會的二元合一 [J/OL]. 開放時代，2019(03): 12-36+5[2019-12-04].

會自治相結合的關係結構，我們可以稱之為「引領型自治」模式。城市基層治理是國家治理體系中的重要組成部分，是國家發展的基礎動力，也是推進國家治理體系和治理能力現代化的重要內容。自新中國成立以來，中國城市基層治理體系經歷了多次的變遷，涉及多元主體、價值特性的演變。從國家與社會關係視角出發，可以將「社會治理形態」分為「正式治理」、「非正式治理」、「半正式治理」三類。「正式治理」是指國家和社會之間直接的互動互構，「非正式治理」是指在自治化程度很高的狀態下國家與社會的互動互構，「半正式治理」是指國家和社會藉助第三方組織進行互動互構，廣泛存在於中國的基層治理體系中，也就是黃宗智所提出的「第三領域」。[4] 隨着國家權力強弱程度的變化以及政治變遷的不同階段，城市基層的治理形態也有所不同。本文將從「治理形態」的角度入手，通過國際比較，分析中國城市的基層治理，重點探討其中國國家與社會是如何互嵌互構的，以期更好地提煉出中國特色的治理形態。

4　林輝煌. 中國的社會體制 ──「權力譜系社會學」的視角

二、城市基層治理制度的演進

「城市基層治理是指地方政府綜合運用多種政策工具干預和回應社會需求，以及由此形成的規定性制度安排，涉及社區建設、街道辦改革、公共服務等具體領域。」[5] 新中國成立以來，城鎮化水平已有大幅提升，如圖 1 所示。據國家統計局的相關數據顯示，改革開放之前，中國常住人口城鎮化率從 1949 年的 10.64% 增長到 1978 年的 17.92%，近 30 年只增長了 7.82%，進程相對緩慢。隨着改革開放政策的實施，城鎮化率增長迅猛，從 1978 年到 2008 年的 30 年間，城鎮率增長高達 27.76%。截止 2011 年末常住人口城鎮化率首超 50%，2018 年末常住人口城鎮化率更是達到了 59.58%。[6] 在城鎮化進程中，基層城市治理可以視為國家權力與社會居民的共同參與的互動過程。按照時間的維度來劃分，中國城市基層治理的制度演進經歷了「單位制」、「街居制」和「社區制」三個階段。

---

5   李娉，楊宏山. 城市基層治理改革的注意力變遷 —— 基於 1998-2019 年北京市政府工作報告的共詞分析 [J]. 城市問題，2020(03): 79-87.

6   數據來源：國家統計局 http://data.stats.gov.cn/

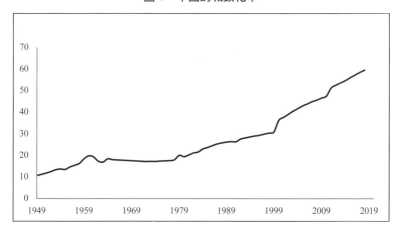

圖 1：中國的城鎮化率

數據來源：國家統計局 http://data.stats.gov.cn/

	治理對象	治理模式	治理形態	組織行為	經濟基礎
「單位制」	單位人	政社合一	管控	社會動員	計劃經濟
「街居制」	非單位人	政社不分	管控	社會動員	計劃經濟
「社區制」	全體居民	行政主導	管理和服務	自治合作	市場經濟

表 1：「單位制」、「街居制」和「社區制」的差異

　　「單位制」模式是以工作單位為核心，將社會成員組織起來的一種制度安排。在戰爭年代，中國共產黨形成了「公家人」管理體制，實行供給制。新中國成立以後，供給制逐漸轉為工資制，城市基層社會管理體制實行以「單位制」為主、「街居制」為輔的模式。此時，城市的管理思路主要分為單位人和非單位人（即社會人）。[7]單位制被視為是「公家人」管理體制的延續，主要用於管理單位人。

7　李利文. 城市基層社會管理體制變遷中的公共服務供給碎片化 —— 基於歷史制度主義的分析範式 [J]. 行政論壇，2019, 26(04): 108-115.

在一定程度上，單位制是當時應對「總體性危機」的最佳方式。從政治層面上看，在高度集權的政治體制之下，單位制有助於整合社會秩序，將社會力量組織起來。黨和政府可以通過單位自上而下組織動員工人和幹部兩大政治身份人羣。從經濟層面上看，新中國成立以來實行計劃經濟體制，社會資源完全由國家調控配置。黨和政府通過單位制從上級向下級層層傳達任務、調配資源等。從社會層面上看，人民被納入行政權力體系中，實現了社會的高度整合。[8] 這一階段，中國城市基層治理呈現出政社合一的治理模式，形成了以「管控」為特點的社會治理形態。

「街居制」是輔助「單位制」建立的，主要用於管理非單位人，即無單位的一般居民。1954 年，全國人民代表大會常務委員會審議通過了《城市居民委員會組織條例》和《城市街道辦事處組織條例》（以下簡稱《條例》），標誌着由街道辦事處和居委會構成的街居制具有行政性。[9]《條例》中確定了「城市居民委員會」的名稱和「羣眾自治性居民組織」的性質。居民委員會依據居住地區設立，規模通常為 100-600 戶。成員由各居民小組選委員組成，再由委員互推選產生主任一人、副主任一人至三人。居民委員會的職責包括辦理居民的公共福利事項、向上傳達居民的意見和要求、動員領導居民響應政府號召、調解居民間的糾紛等，「根據民主集中制和羣眾自願的原則充分發揚民主。」[10] 街居制的特徵表現為「雙間接機制」，

8　何海兵 . 我國城市基層社會管理體制的變遷：從單位制、街居制到社區制 [J]. 管理世界，2003(06): 52-62.

9　朱濤 . 新中國 70 年社會治理變遷與基本經驗 [J]. 北京工業大學學報（社會科學版），2019, 19(04): 11-17.

10　陳輝 . 新中國成立 60 年來城市基層治理的結構與變遷 [J]. 政治學研究，2010(01): 47-58.

國家通過街居制可以間接統合基層社會，基層羣眾通過街居制得以實現間接民主。[11]

　　改革開放以後，單一的所有制結構被打破，城市基層社會管理體制從「單位制 - 街居制」轉為「社區制」，並形成一種「國家—社區—個人」的基層社會控制機制[12]。隨着單位體制的改革，社區在基層治理中的重要性日益顯現。1978 年，黨的十一屆三中全會將黨和國家工作重心轉移到經濟建設，國家對社會的治理形態由「管控」轉變為「管理」。1980 年，全國人民代表大會常務委員會重新公佈了《城市街道辦事處組織條例》以及《城市居民委員會組織條例》，恢復了街道辦事處、居民委員會的機構和職能。2000 年，中共中央辦公廳、國務院辦公廳轉發民政部《關於在全國推進城市社區建設的意見》明確了社區建設是管理體制的創新，以強化基層政權建設、改革基層管理體制。[13] 不同於單位制和街居制，社區制的管理理念是面向全體居民的，強調居民參與，加強了政府與社區間的合作關係。一方面，伴隨着國有企業改革以及政府機構改制，社區承擔了被企業和政府剝離出來的社會職能和服務職能。另一方面，城市化進程的加快使得城市社會發生了巨大的變化，社區組織以「屬地管理」的方式應對此背景下所產生的分異和複雜性。[14] 這一階段，

11 毛丹 . 中國城市基層社會的型構 —— 1949-1954 年居委會檔案研究 [J]. 社會學研究，2018, 33(05): 139-163+245.

12 Bray, David. Building 'Community': New Strategies of Governance in Urban China[J]. Economy & Society, 2006, 35(4): 530-549.

13 夏建中 . 從街居制到社區制：我國城市社區 30 年的變遷 [J]. 黑龍江社會科學，2008(05): 14-19.

14 呂方 . 從街居制到社區制：變革過程及其深層意涵 [J]. 福建論壇 (人文社會科學版)，2010(11): 185-188.

中國城市基層治理呈現出行政主導的治理模式，形成了以「管理」為特點的社會治理形態。概言之，「單位制」與「社區制」的本質區別在於，單位體制是由「國家—單位—個人」形成的垂直的依賴性關係，社區制是由「國家—社區—個人」形成的可選擇的非依賴性關係。[15]

---

15 馬衛紅，桂勇. 從控制到治理 —— 社會轉型與城市基層組織框架的變遷 [J]. 華中科技大學學報（社會科學版），2008(05): 78-84.

二、「引領型自治」：中國城市基層治理的模式

（1）黨建引領

城市的基層治理離不開國家自上而下的行政推動。在計劃經濟時期，國家各級政府作為全能壟斷主體，幾乎掌握和控制了一切社會資源，並將社會資源統一分配。在這種經濟環境歷史背景下，單位系統與地區組織是國家派生出來的兩大組織載體，負責分配和管理「單位人」和「非單位人」。單位系統集中了所有勞動人口，地區組織則是政府的派出機構，即街道辦事處，負責管理無工作群體。這一時期，單位的行政性較強，所有單位都隸屬於政府部門或帶有一定的行政級別，且對「單位人」具有極強的控制力。這種現象被稱為「新傳統主義」，具有人身依附關係。[16] 隨着改革開放的不斷深入及市場經濟的逐步建立，國家職能經歷了從「全能國家」向「有限國家」的轉變。隨着人口城鎮化率逐步提高，中國社會結構也發生了巨大的變化。與此同時，流動人員增多、就業壓力增大、人口老齡化等問題的出現加重了城市基層管理的負擔。因而，民政部在 20 世紀 90 年提出了「社區建設」概念，伴隨着社會轉型的加

---

16 楊君，徐選國，徐永祥 . 邁向服務型社區治理：整體性治理與社會再組織化 [J].
中國農業大學學報（社會科學版），2015, 32(03): 95-105.

劇，「單位人」逐漸轉變為「社會人」、「社區人」。中國的城市治理從「單位制管理」逐漸轉向了社區治理，特別是「社區服務」和「社區建設」。

　　城市基層治理也是黨的基層領導體系在基層建設的基礎內容。改革開放以來，基層黨建在一定程度上呈現出「強建設，弱治理」的格局。第一，黨組織在城市社區中覆蓋廣泛並內嵌於社區治理格局中。據《2019 年中國共產黨黨內統計公報》顯示，截至 2019 年 12 月 31 日，中國共產黨有基層組織 468.1 萬個，比上年淨增 7.1 萬個，增長了 1.5%。其中基層黨委 24.9 萬個，總支部 30.5 萬個，支部 412.7 萬個。全國 8,636 個城市街道、31,062 個鄉鎮、105,257 個社區（居委會）、533,824 個行政村已建立黨組織，覆蓋率均超過 99%。[17] 這些基層黨組織為城市基層黨建提供了堅實的組織基礎。第二，隨着單位制體制的衰落，黨的基層組織呈現出弱化、虛化和邊緣化等問題。2017 年，中央提出「把加強基層黨的建設、鞏固黨的執政基礎作為貫穿社會治理和基層建設的主線，以改革創新精神探索加強基層黨的建設引領社會治理的路徑」。[18] 因而，基層黨建引領城市社區治理是新時代基層黨建的現實路徑。

　　近年來，各地方基層黨建在實踐中不斷創新，以北京的「街鄉吹哨、部門報到」改革為例，創新基層治理的做法實質上是從體制上進行創新突破，以街鄉為抓手，以問題為導向，以體制機制改革為突破口，堅持黨對基層治理的全面領導，引導群眾的廣泛參與。

---

17 《2019 年中國共產黨黨內統計公報》
18 楊妍，王江偉. 基層黨建引領城市社區治理：現實困境 實踐創新與可行路徑 [J]. 理論視野，2019(04): 78-85.

在多層次整合的視角下,基層黨組織向內滲透行政力量,推進「一把手工程」建設,增強黨對街道鄉鎮工作的領導和決策;向外吸納社會力量,聚合黨的外圍力量,進行區域化黨建並發展社會組織;向下融入人民羣眾,加強基層組織建設,調動黨員報道機制,組織動員羣眾參與。[19] 從本質上來看,「街鄉吹哨、部門報到」的核心是加強黨的全面領導、堅持黨建引領、堅持以人民為中心。

(2) 行政介入

中央與地方的權力關係是國家治理中的一個核心結構關係,從歷史上看,中國具有國家主導的「威權主義」特徵,這種治理模式的核心力量源於中央自上而下的推動。在「威權主義」理論模式之下,權威體制與有效治理之間存在矛盾關係,即中央政府的集中程度越高,地方治理的權利便會被削弱。為了避免中央權威體制僵化,地方的行政性具有「變通」的方式,這裏的悖論是「一統決策的集中程度越高,執行過程中的靈活性就越大」。[20] 中國的城市基層治理主要由政府主導推動,黨建引領下國家權力深度介入,表現為一定程度的「行政性」與「自治性」相結合。「行政性」為城市基層治理提供了現實基礎,使得國家意志在城市基層得以貫徹。一方面,城市基層建設的資金支持主要來源與政府,對政府具有嚴重的依賴性。另一方面,城市基層管理體制內形成目標管理網絡,居委

19 張勇杰. 多層次整合:基層社會治理中黨組織的行動邏輯探析 —— 以北京市黨建引領「街鄉吹哨、部門報到」改革為例 [J]. 社會主義研究,2019(06): 125-132.

20 周雪光. 權威體制與有效治理:當代中國國家治理的制度邏輯 [J]. 開放時代,2011(10): 67-85.

會具有相關的行政職能，將行政性延伸到城市基層。

黨組織在城市基層治理中的政治、思想、組織層面都發揮着領導作用。通過「黨政合一」的方式，解決城市基層治理中的問題。社區治理需要多元主體聯合社會資源和行政資源，行政資源自上而下流轉，志願者、社會組織、企業等多元化社會資源自下而上的進行統合。行政性是「國家通過自上而下的政策指令、資源分配和人事安排等制度性設置，將黨、政系統不斷向下滲透和嵌入，從而將社會資本吸納、包容進體制之內。」[21] 中國政府在組織結構上形成了縱向層級化和橫向部門化的特徵，表現為條塊結合的體系，政府職能通過「條塊」機制進入到社區。政府職能部門的「條塊」模式採用自組織生產、社區居委會生產、社區工作站生產以及契約外包社會組織生產等模式輔助將政府的職能下放到社區。政府的「條塊」主要是指街道辦事處和社區的關係，「條塊」與社區有效的雙向分流機制有助於提升城市基層治理的運行效率及治理效能。[22]

（3）基層自治組織

從歷史的角度來看，中國特有的地方制度保甲制具有悠久的歷史，是封建王朝時代長期統治社會的手段。以「保甲為經、宗族為緯」基本形成了「王權不下縣，縣下唯宗族，實行保甲制」的治理體制。新中國成立後，居民委員會作為新的城市基層治理形式逐步

---

21 苗延義 . 能力取向的「行政化」：基層行政性與自治性關係再認識 [J]. 社會主義研究，2020(01): 84-92.
22 張雪霖 . 鏈式治理結構：解釋中國特色社區治理模式的理論框架 [J]. 科學社會主義，2020(02): 113-119.

建立起來。居委會建立初期，作為連接國家與社會之間的機制，由城市居民自下而上構建而成，政府機構自上而下的對居委會進行授權。居委會不僅是居民自發組成的組織，同時需要承擔一定的行政職能。從嚴格意義上來講，此時的國家是一種高度政治化的存在，居委會主要是通過國家政權建設出來的。改革開放以來，隨着單位制解體與市場經濟的建立，社區制逐漸成為新興的城市管理模式，社區居委會再次被置於重要的位置。隨着社會管理中心下移，居委會在工作內容、考核機制、人員配置和經費等方面都被高度行政化。新時代以來，城市基層治理趨向多元化，居委會的自治性回歸的改革思路得到廣泛認同。[23]

近年來，中國社區服務業已取得了顯著的發展。據民政局數據統計，截至 2017 年底，已建立 10.6 萬個居委會，137.1 萬個居民小組，居委會成員人數達到 56.5 萬人；各類社區服務機構和設施 40.7 萬個，社區服務中心（站）覆蓋率 25.5%，其中城市社區服務中心（站）覆蓋率 78.6%，社區志願服務組織 9.6 萬個。[24]

城市基層自治是圍繞各個城市的居民委員會組織的，在城市基層治理中，居委會兼具「行政性」和「自治性」雙重屬性，主要負責對上處理與上級政府的關係，對下處理與居民的關係，橫向上處理與社會組織、單位之間的關係。[25]《中華人民共和國城市居民委員會組織法》在法律上明確了居委會的自治權，規定了城市社區居民

---

23 侯利文. 國家政權建設與居委會行政化的歷史變遷 —— 基於「國家與社會」視角的考察 [J]. 浙江工商大學學報，2019(01): 120-133.

24 數據來源：中華人民共和國民政部 http://www.mca.gov.cn/article/sj/tjgb/

25 陳友華，夏夢凡. 社區治理現代化：概念、問題與路徑選擇 [J/OL]. 學習與探索：1-9[2020-06-15]

居委會是自我管理、自我教育、自我服務、自我監督的基層羣眾性自治組織。但是由於居委會的人事任命和財政都由街道辦事處掌控，主要依靠政府和街道辦事處的推動。因此，居委會作為連接政府與居民之間的橋樑，也是政府權力在基層的延伸。有學者將居委會的行政化表現歸納為組織設置行政化、組織功能的行政化、自治章程和工作制度行政化、人事決定行政經費收支行政化、運行方式「機關化」以及考核機制行政化七種表現層面。[26]

（4）社會組織

社會組織的興起也是基層城市治理中的一項重要因素，自改革開放以來經歷了一個飛速發展過程，內容已遍佈各個領域。不同於西方國家，中國的社會組織主要依靠自上而下的推動力。在單位制時期，國家與社會「在政治上實行黨政合一和黨國合一，在經濟上把工商企業改造成國家控制，在社會生活中把所有民間組織全部納入官方範圍」。[27]政府作為「全能型」政府，對社會表現出極強的「剛性控制」力度，社會缺乏自主性與自治能力。在後單位制時期，隨着「單位人」向「社會人」、「社區人」轉變，單位的功能被放權到社會，社區逐漸得以發展。在政府「權力讓渡」的過程中，社會組織也開始發展起來。[28]

26　張蘇輝．社區居委會行政化的社會學微觀視角 [J]．求索，2006(05): 72-73+124.

27　俞可平．《中華人民共和國六十年政治發展的邏輯》，《馬克思主義與現實》2010年第1期。

28　章誠．後單位時期社區民間組織發育外部環境探析 [J]．福州大學學報（哲學社會科學版），2013, 27(05): 79-84.

近年來，隨着社會結構從一元向多元的變遷以及國家職能的不斷讓渡，社區制形成了自上而下政府行政管理與自下而上社會自治管理相結合的多元主體、多層級的合作治理模式。社會組織作為「基層社會管理的組織化形式，已成為社區建設中最具有社會性、自治性和包容性的組織載體」。[29] 社會組織的存在有助於克服多元合作模式中的自治性困境。一方面，國家與社會之間在基層社會的互動中型形成了「重層結構」，使得基層社會具有「自下而上」自治力量的同時，也帶有「自上而下」行政性，而這種自治性與行政性之間是一種「不均衡」的相互滲透。[30] 例如，居委會作為居民自治組織，財權和物權實際上都是由政府提供，帶有一定程度的行政性職能。在居委會「行政化」的導向之下，由於政府干預過多以及居民參與意識不足，居委會在社區服務和管理上被弱化。社會組織的存在可以通過橫向連接，促進城市基層治理的多元主體的互動，增強社會化自治力量，加強社區居民的參與渠道，通過組織渠道自下而上的傳達居民訴求。另一方面，中國城市基層社會的組織化程度較低，社區居民參與程度不高，社區建設過多的依賴政府。社會組織的存在可以在一定程度上將分散的居民組織起來，有助於協調社區的自治管理，形成具有自主性的「自組織空間」，[31] 從而實現自下而上地塑造社區組織關係和權力秩序。另外，在實踐中，中國城市基層社區中形成了以物業管理公司、業主委員會等為代表的具有經濟

29　高紅，楊秀勇.社會組織融入社區治理：理論、實踐與路徑 [J]. 新視野，2018(01): 77-83.

30　田毅鵬，薛文龍.「後單位社會」基層社會治理及運行機制研究 [J]. 學術研究，2015(02): 48-55.

31　李友梅.社區治理：公民社會的微觀基礎 [J]. 社會，2007(02): 159-169+207.

性、社會性和行政性的非體制組織。這些組織與居委會之間不存在隸屬關係，主要是通過橫向協商達成「社區共治」的合作模式。

（5）公民參與

公民參與程度也是城市基層治理的重要標誌，自下而上的制度化公民參與具有重要意義。西方國家公民參與治理的方式主要包括參加政治選舉、出席聽證會、參加公民諮詢委員會、聯繫政府官員，提供建議和施加影響、利用輿論工具促成民意、參加集體抗議活動等。但是西方的民主也存在一定阻礙，其一，在傳統的「代議民主」（Representative Democracy）之下，公民很少有機會參與選舉之外的政治決策。其二，傳統的政府機構被分割為不同的機構組織，難以進行跨機構的合作。其三，「非社會資本化」導致公民參與呈現下降趨勢。[32]

在黨建引領下的公民參與是近年來中國城市基層治理中倡導的社會治理形式。20 世紀 80 年代，公民參與主要是由政府自上而下推動形成的。公民自下而上參與性增強，社區內萌發出大量業主委員會、中介組織、非政府組織等橫向組織。21 世紀以來，隨着中國社會走向成熟和現代化，「公民」和「公民參與」逐漸成為流行話語。有研究將黨建引領社區治理分為多種模式：一是「主導式」引領，主要是由政黨自上而下的推動社區治理，居民參與程度較低。二是「協商式」引領，社區中的多元主體通協商共同推動社區治理，政黨和居民的參與程度較強。三是「自治式」引領，由居

32　田玉榮，楊榮. 非政府組織與社區發展 [M]. 社會科學文獻出版社，2008.

民自下而上自發推動社區治理，政黨主要負責對社區進行監督和服務，社區自治程度較高。[33]

隨着中國現代社會治理理念從社會管理向社會治理的轉變，協商民主理論逐步運用到中國城市基層治理領域中，城市基層治理成為協商民主參與的重點場域。2012 年，十八大報告首次把「社會治理」概念寫入到黨的綱領性文件當中，也標誌着城市基層治理進入社區治理階段。十八大報告指出，「社會主義協商民主是中國人民民主的重要形式，要健全社會主義協商民主制度，充分發揮人民政協作為協商民主重要渠道作用。」十九大報告指出：「協商民主是實現黨的領導的重要方式，是中國社會主義民主政治的特有形式和獨特優勢。」協商民主是基層公民自治的表現，中國的協商民主呈現出「從政治協商走向社會協商、從頂層協商走向基層協商」的趨勢。[34]

（6）「引領型自治」與中國城市基層治理中的國家—社會關係

國家與社會的關係主要有幾種觀點：第一，二元中心論，突出國家與社會的二元對立關係，包括「國家中心論」和「社會中心論」。「國家中心論」以國家的行政力為核心，「社會中心論」則傾向於強調城市基層治理中的社會因素。第二，國家與社會互動論，突出國家與社會的二元互動關係，包括「社會中的國家」和「國家

---

33 陳毅，闞淑錦．黨建引領社區治理：三種類型的分析及其優化 —— 基於上海市的調查 [J]. 探索，2019(06): 110-119.

34 閔學勤．基於協商的城市治理邏輯和路徑研究 [J]. 杭州師範大學學報（社會科學版），2015, 37(05): 131-136.

中的社會」。「社會中的國家」突出國家對社會的嵌入，「國家中的社會」則強調國家對社會的形塑與制約。[35] 第三，「第三領域」。無論是國家與社會的二元中心論亦或是國家與社會的互動論，都僅反映了國家與社會分立運行的狀態，基於此，以黃宗智為代表的「第三領域」研究強調了國家與社會間的「互動、互補和互塑」過程，打破了國家與社會二元對立的研究框架。[36]

在中國特色社會主義語境下的國家與社會的關係離不開中國共產黨的重要作用。中國共產黨既是領導黨又是執政黨的角色，不僅是國家和政府的領導核心，也是中國社會治理的核心。因而，我們認為，在國家與社會關係模式中，「第三領域」的研究更能解釋中國的實際情況。國家與社會的關係不僅在區域上和權力構造上都具有差異，「距離黨政核心越近，則受黨政影響越深，分享的權力也越多」，從而形成「內部多元主義」。[37] 在「第三領域」和「內部多元主義」的基礎上，我們認為國家與社會是成分組合關係，國家與社會之間的關係並非零和博弈，在很大程度上表現為相互交織和相互構造。中國城市基層治理具有「半正式治理」特徵，國家與社會通過第三方組織，也就是「第三領域」，例如居民委員會，進行互動互構。通過「半正式治理」模式，國家與社會進行自我改造和相互改造，並進行融合。其優勢在於提升城市基層治理的有效性與合法性，其風險在於如何合理掌控國家權力的滲透力度。

---

35 苗延義 . 能力取向的「行政化」：基層行政性與自治性關係再認識 [J]. 社會主義研究，2020(01): 84-92.

36 黃宗智 . 重新思考「第三領域」：中國古今國家與社會的二元合一 [J/OL]. 開放時代，2019(03): 12-36+5[2019-12-04].

37 鄭永年：《內部多元主義與中國新型智庫建設》，北京：東方出版社 2016 年版。

四、國際模式比較

（1）蘇聯東歐

蘇聯：蘇聯時期國家與社會的關係表現為「強大國家」和「弱小社會」的二元關係模式，社會資源由國家控制，個人和社會被國家吞沒。蘇聯領導人的有限政治文化具有父權制特徵，官僚精英以及利益集團是國家體系中的主要載體。蘇聯的「集權主義」不單是源於意識形態或斯大林的權力慾望，還反映了當時的農民社會是一個「極小的極權社會」[38]。蘇聯城市化發展迅速，城市人口佔總人口數量由 1919 年的 18%，到 1939 年的 32%，到 1960 年 49%，再到 1986 年的 65.6%，67 年的時間增長了近 50%。對比美國的城市化水平由 1860 年的 19.8% 增至 1950 年的 64% 用了 90 年時間；英國的城市化水平由 1800 年的 21% 增至 1920 年的 60% 則用了 120 年時間。[39] 1918 年 8 月，蘇俄頒佈的《關於廢止城市不動產的私有財產權》標誌着住房公有化運動的全面展開。之後在 1919 年的「緊湊實用住宅」中規定「所有居民不分年齡一律人均 8 平方米」。這一

38　Menashe L. From Stalin to Gorbachev: Moshe Lewin on Soviet History[J]. International Labor and Working-Class History, 1989, 35: 53-61.

39　邵書龍. 蘇聯社會結構轉型的社會學分析：階級分層與階層分層 [J]. 毛澤東鄧小平理論研究，2009(02): 46-56+86.

階段的住房管理政策體現出了國家集中管理的特徵，國家控制和分配住房資源，形成共產主義時期集中化的住房管理體制。

20 世紀 20 年代，蘇俄進入「新經濟政策」時期，國家逐漸釋放了集中化住房的管理思路，轉變為由國家、集體和個人多元化分散管理模式。國家將少部分房產發還原主，將大部分房產租賃給住房租賃合作社集體管理，同時恢復房租徵收制。[40] 在蘇維埃時期，政府認為「只有同質化（Homogenization）的機構才能創造超國家的蘇維埃（Supranational Home Sovieticus）」，因而採用「全能主義機械化管理」模式對社會機構進行管理，並要求所有盟國的機構設置都保持高度的同質化。在城市基層治理方面，政府通過「單位—街區制」和街道、居委會對社會進行控制。這一階段，國家對社會進行全面控制，社會組織和基層自治組織缺乏自治空間，最終造成社會與國家的對立和衝突。[41] 從蘇聯失敗的經驗來看，在蘇聯時期的極權主義和政治文化的背景下形成了「強大國家」與「弱小社會」的二元對立關係，使得社會被國家吞沒，激發了民族情緒和社會的離心傾向，導致國家與社會的「脫嵌」。

俄羅斯：與中國相似，俄羅斯也經歷了從計劃經濟向市場經濟的轉軌。在高度集中的計劃經濟體制之下，俄羅斯的城市基層治理是在政府主導下推動的，主要是基於社會主義意識形態和國家發展目標。葉利欽時代採取了「休克式療法」，推行激進的私有化改革，國家向市場化和民主化轉型。此時俄羅斯處於「弱國家與弱社會」

40 張丹. 蘇聯新經濟政策時期城市住房管理體制轉型初探 [J]. 俄羅斯研究，2012(03): 126-143.

41 晏子. 走向合作治理：轉型國家基層治理中的政社互動 —— 馬哈拉與烏茲別克斯坦基層治理實踐 [J]. 經濟社會體制比較，2018(03): 102-112.

關係模式，國家與社會關係失衡。普京執政以來，強化了國家的權威和作用，加強了中央政府的執政能力，逐漸構建出國家主導社會的關係形態，具有典型的「強國家與弱社會」的關係模式。[42] 普京政府提出了「可控民主」和「主權民主」的政治治理理念，在提倡民主政治的同時不斷加強中央權威。政黨格局也由黨派林立轉變為一黨獨大、多黨並存的格局。[43]

在 20 世紀末期到 21 世紀初，俄羅斯政府和非政府組織的合作框架逐漸建立，2005 年，俄羅斯頒佈的《聯邦地方自治政府總則》第 131-FZ 號法律規定「由民眾直接和（或）通過機構獨立負責解決當地問題」，強調了公民和非政府組織在社區治理中的地位。在許多社區中，非政府組織建立了公民參與機制，並形成了有效的合作機制，甚至在一些社區中，非政府組織的領導人可以當選為當地杜馬（相當於市議會或縣議會）。[44] 俄羅斯的公民參與程度較低，社區自治被稱為 TOS（Territorialnoe Obshchestvennoe Samoupravlenie），是被政府認可的官方機構，是非營利組織，負責推動當地的社區治理。近年來，俄羅斯的社區自治主要包括改善住宅建築和周圍環境、支持社區中的弱勢社會羣體、向地方政府提交有關社區發展的計劃和建議等。[45]

42　Henderson, S. L. (2011). Civil society in Russia: state-society relations in the post-Yeltsin era. Problems of Post-Communism, 58(3), 11-27.

43　左鵬. 普京執政十五年來俄羅斯的轉型變革 [J]. 思想理論教育導刊，2015(05): 57-63.

44　Epstein P, Simone A, Harding C. Collaborative Leadership and Effective Community Governance in the United States and Russa[J]. Leading the Future of the Public Sector, 2007: 1-21.

45　Shagalov I. The Interaction of Grassroots communities and local authorities in Russia[J]. 2015.

（2）東亞國家

日本：日本的城市基層治理表現為政府的行政性與社區的自治性相結合的「混合模式」。日本的城市基層治理模式是在日本的文化和社會經濟的基礎之上形成的，涉及官僚體系制度、對權威的普遍尊重、社會資本的累積與公民意識的覺醒等。[46] 早期，受到儒家文化的影響，日本官本位思想較為深厚，在傳統上形成了國家主導型的社會。20 世紀初期，日本城市基層治理表現為政府主導型的治理模式，社區及居民沒有自治權。此時，日本成立了町內會，作為政府的輔助性行政末端組織，負責「上情下達」。[47]「社區營造」起源於 20 世紀六七十年代，主要用於滿足居民的生活需求，重點包括改善居住環境、保護歷史街區、促進市民參與等。20 世紀 70 年代以來，隨着市民參與度逐漸加強，市民和町內會等市民組織成為主要參與主體，政府僅在資金和技術層面提供支持。到了 20 世紀 90 年代，日本城市基層治理逐漸步入成熟期，NGO 和 NPO 在這一階段發揮了重要作用。[48]

新世紀以來，隨着日本老齡化問題日趨嚴重，新的城市社會問題層出不窮，如移民導致的社區異質化等。此時，僅依靠政府主導的力量很難解決城市問題，還需要社會中的多元主體發揮作用。因而，2010 年，「新公共」理念被引入。「新公共」理念是將政府壟

46 Fukuyama F. Social capital, civil society and development[J]. Third world quarterly, 2001, 22(1): 7-20.

47 盧學輝. 日本社區治理的模式、理念與結構 —— 以混合型模式為中心的分析 [J]. 日本研究，2015(02): 52-61.

48 邊防，呂斌. 基於比較視角的美國、英國及日本城市社區治理模式研究 [J]. 國際城市規劃，2018, 33(04): 93-102.

斷的「公共」向社會開放，形成「新公共」，從而進一步實現由市民主導的社會。[49] 總體來看，日本的「混合模式」經歷了「訴求與對抗型」向「市民參與型」再向「市民主導型社會」模式轉變。政府依託「社區營造」不斷放權，治理結構由垂直的縱向科層結構轉向橫向互動模式，治理主體由政府單中心治理模式轉變為以政府、自治組織、其他社區組織、居民多主體的多元主體協同模式。

新加坡：新加坡政府在城市基層治理中具有濃烈的行政色彩。自獨立以來，新加坡建立了以人民行動黨一黨獨大的威權治理模式。人民行動黨執政後，一直致力於建立一個多元種族的和諧社會，同時致力於建設國家、塑造民族認同感。新加坡的基層組織如居委會、民眾聯絡所等，是在政府的指導下組織建立的，帶有濃重的政治色彩。[50] 鑒於新加坡國家在意識形態上的霸權地位，除了官辦社會組織以外，民間社會組織依然具有明顯的官方地位。但是在自由主義，多元主義的基礎上，如果統治精英完全控制社會，公民缺乏自治空間，對國家也是一種反作用力量。[51] 因而，20 世紀 80年代以後，新加坡政府開始自上而下地推動民主化進程，國家與社會逐漸形成合作關係。近年來，新加坡城市基層治理特點表現為治理主體多元化和治理方式法制化、社會化，由政府主導，公眾參與的治理模式。其一，與其他發達國家相比，新加坡具有較高的家庭

49　蔡楊 . 日本社區參與式治理的經驗及啓示 —— 基於諏訪市「社區營造」活動的考察 [J]. 中共杭州市委黨校學報，2018(06): 41-45.
50　張春陽：新加坡基層組織：政府與人民之間的緩衝力量 [M]. 民主與建設出版社，2015
51　Chong, Trence. (2005). Civil Society in Singapore: Popular Discourses and Concepts [J]. Sojourn: Journal of Social Issues in Southeast Asia 20(2), 273-301.

住宅物業資產。與美國相比，住房資產與 GDP 的比率是美國的兩倍，住房資產與個人可支配收入的比率約為美國的三倍。政府機構住房與發展委員會建造的公共住房佔住房總量的 73%，超過 80%的居民居住在政府城建並出售的組屋中，租賃市場空間較小。新加坡的住房政策不僅有助於居民改善生活條件，同時也被視為促進社會融合的工具。一方面，政府為居民提供了有吸引力的高補貼住房。另一方面，政府採用漸進主義的方法實施的資格標準和種族配額，促進居民以房主和社區成員的身份參與社區治理，從而強化國家凝聚力和國民認同。[52] 其二，在城市治理體系中，新加坡政府內設有 64 個法定機構，幾乎覆蓋了城市治理中的各個領域，政府起到了主導的作用。對於承接公共服務外包私人公司，政府主要對其起到監管作用。另外，新加坡政府推動社區自治，鼓勵公眾及非盈利組織的積極參與。[53] 綜上，新加坡的城市基層治理的結構特徵表現為政府主導、公眾參與、社會協同。

（3）歐美國家

美國：美國的城市基層治理結構具有典型的公民自治特徵，政府與社會之間有明確的責任劃分，第三方力量發揮了極大的作用。二戰結束後，由於美國郊區化的發展和城市的迅速膨脹，使得中產階級群體不斷向郊區遷移，導致內城環境逐漸惡化，也加重了貧富

---

52 Di Mauro, Beatrice Weder. Report. Centre for International Governance Innovation, 2018. Accessed June 1, 2020. www.jstor.org/stable/resrep17317.
53 陶林 . 再論新加坡城市治理的特色與中國借鑒 [J]. 青島科技大學學報 (社會科學版)，2019, 35(04): 13-19.

階級的矛盾，給社區治理帶來了極大的挑戰。[54]1941 年起，美國採取市場主導模式，內城社區由政府授權私人企業開發。但是市場主導模式存在局限性，其一，私人企業出於對自身利益的考量以及信息獲取的不對等，易忽略社會利益。其二，市場經濟的「馬太效應」會進一步加重社會中的貧富兩極化。其三，市場自由競爭本身具有風險性和不穩定性，造成資源的不均衡。[55]市場主導模式的局限性最終會觸發市場失靈，需要通過政府主導的方式緩解市場失靈。因而，20 世紀 60 年代，約翰遜政府動員一切力量「向貧困開戰」。但是過度依靠政府資源存在成本過大、執行效率低、滋生腐敗等局限性，在此背景下，形成了「第三方組織為主要實施主體，社區為主要的治理單元，市民為主要的參與主體」的模式。[56]這一階段，「社區治理」和「公共參與」的概念開始在美國興起。20 世紀 70 年代以來，社區發展公司逐漸崛起，其本質上是社區代表管理下的非營利性組織。社區發展公司的優勢在於具有較強的針對性、多目標導向性、高效性和多元性，可以更好的整合城市社區居民的集體行動，提升工業和商業空間。20 世紀 90 年代以來，隨着美國經濟的復甦，城市基層社區治理進入成熟期。總體來看，美國以公民為中心的公共治理模式，通過自下而上的層層讓渡，形成了網狀分佈

54 BOWLES S, GINTIS H. Social capital and community governance[J]. The Economic Journal, 2002, 112(483): 419-436.

55 毛鍵源，孫彤宇. 效率與公平調和下的美國社區發展公司 [J]. 時代建築，2020(01): 20-27.

56 邊防，呂斌. 基於比較視角的美國、英國及日本城市社區治理模式研究 [J]. 國際城市規劃，2018, 33(04): 93-102.

的權利結構。[57] 在城市基層治理結構中，政府作為引導方，提供法律規範和政策支持。公眾作為參與方，具有較強的自治性特徵。第三方組織作為實施方，發展較為完善，在城市基層治理中發揮重要作用。

英國：英國是世界上最先經歷工業化和城市化的國家，基層城市治理經歷了較長的歷史變遷。在城市化初期，英國政府採取自由放任的政策，社會福利主要由民間組織提供。到了 20 世紀中期，在社會兩級分化嚴重、貧困人口增加、失業率較高，舊城社區環境不斷惡化的背景下，英國城市基層治理集中在提升城市管理效率、社區貧困、內城更新等城市問題。這一時期，國家權力得以深入，政府大力支持城市社區發展並出台了社區發展項目，社區居民也逐漸開始自下而上參與到社會治理中。[58] 1977 年，英國政府正式提出建立「合作夥伴組織」，從本質上改變了原有的自上而下單一中心治理格局，逐漸轉向多中心的治理格局，以加強政府、社區、非營利組織的夥伴關係。在「合作夥伴組織」模式中，上層為組織委員會，中層為行動領導小組，基層為內城項目組。地方政府作為合作主導者，與政府部門、私有部門、自願團體建立聯繫。[59] 1979 年，戴卓爾政府開始全面推行市場化經濟政策，雖然強化了中央政府與

---

57 理查德・C・博克斯.公民治理 —— 引領 21 世紀的美國社區 [M]. 孫伯英，譯.
   北京：中國人民大學出出社，2013: 02-47-61.
58 邊防，呂斌.基於比較視角的美國、英國及日本城市社區治理模式研究 [J]. 國際
   城市規劃，2018, 33(04): 93-102.
59 曲凌雁.「合作夥伴組織」政策的發展與創新 —— 英國城市治理經驗 [J]. 國際城
   市規劃，2013, 28(06): 73-81.

私有部門的合作，但是卻弱化了地方政府與志願組織的合作。[60]20世紀 90 年代以來，馬卓安政府出台了「城市挑戰」計劃，形成多層面的合作夥伴關係，強調「社會公平公正」。為了進一步「還政於民」強化社會力量、扭轉「大政府」的壟斷趨勢，2010 年，卡梅倫政府實行「大社會」計劃，政府將公共職能下沉到社區和非營利組織。[61]縱觀英國城市基層治理逐漸制度化、系統化的發展歷程，英國政府不斷增強多元主體的合作參與社會治理模式，加強各級政府之間、政府與私營部門、志願組織之間的夥伴關係，強化居民參與機制。

（4）其他發展中國家

非洲：在前殖民地時期，非洲的社會形態表現為「無國家社會」（Stateless Societies）和「酋邦」（Chiefdoms），特點是國家權力不集中且缺乏明確的統治者，社會的核心組織方式是以親族內部習俗和血緣關係羣體為核心組成的。[62]自獨立以來，非洲的城市化進程發展迅速，1950 年非洲的城市化率僅為 14.7%，到 2014 年已達到 40%，據世界銀行預測到 2030 年，這一數字將達到 50%，大多數非洲人將生活在城市地區。儘管城市化進程迅速，但是非洲整體經濟發展相對緩慢，與世界其他地區相比差距較大。一方面是因為非洲國家及政府缺乏權威，民眾缺失對國家的認同感，在一定程度上

60　Aldridge M, Brotherton C J. Being a Programme Authority: Is it Worthwhile? [J]. Journal of Social Policy, 1987, 16(03): 349.

61　Alcock, P. (2010). Building the Big Society: a new policy environment for the third sector in England. Voluntary sector review, 1(3), 379-389.

62　Ayittey, G. B. N., (2006). Indigenous African Institutions. Brill.

造成了非洲社會的碎片化。另一方面是因為非洲政局動盪、獨裁統治與官僚腐敗導致衝突不斷，造成社會的不穩定。[63] 因此，城市服務如衞生、住房、水資源等成為非洲各國政府的焦點。

由於非洲國家實行分權政策，大部分城市服務由地方政府承擔，而在實踐中，複雜的行政管理系統和高度貧困使得地方政府難以擁有足夠的資源。[64] 通過對安哥拉、佛得角共和國、幾內亞比紹共和國、莫桑比克和聖多美和普林西比這五個葡萄語國家的研究，發現殖民時期由高度集中的行政系統控制領土，地方政府權力薄弱，城市基層治理受到限制。在後殖民時期，中央集權模式又得到了進一步的加強，致使地方政府高度依賴中央政府。這一時期的特點表現為一黨專政，國家權力高度集中，地方缺乏自治能力。20 世紀 90 年代初期以來，隨着市場經濟的發展和擴大，各國逐步實施多黨民主政治體制，國家將權力下放，地方政府逐漸擁有自治權。[65] 儘管一些非洲國家將權力下放到地方，整個非洲大陸的情況仍然分散化。城市基層治理中面臨着許多障礙和挑戰，包括地方政府獨立性受限、潛在的權力鬥爭、腐敗、非公共參與者出現等問題。[66] 總體來看，非洲國家制度上的弱點，阻礙了他們建立持續有

63 Sachs, J. D., & Warner, A. M., (1996). 1 sources of slow growth in african economies. Journal of African Economies, 6(3), 335-376.

64 Resnick D. Urban governance and service delivery in African cities: the role of politics and policies[J]. Development Policy Review, 2014, 32(s1): s3-s17.

65 Silva C.N. (2016) Local Government and Urban Governance in Lusophone African Countries: From Colonial Centralism to Post-Colonial Slow Decentralization. In: Silva C. (eds) Governing Urban Africa. Palgrave Macmillan, London

66 Rocca C., Fernández D.F. (2020) Serving Africa's Citizens: Governance and Urban Service Delivery. In: Cheema S. (eds) Governance for Urban Services. Advances in 21st Century Human Settlements. Springer, Singapore

效的城市基層治理能力。

拉美：拉美國家的城市化水平已經接近或者已達到發達國家水平，但這種不符合其經濟發展水平的「過度城市化」現象引發了大量社會問題。拉美城市化起源於 19 世紀末期，20 世紀 30 年代後進入加速期。1925 年，拉美的城市化率僅為 25%，1960 年上升至 49.3%，1975 年達到了 61%。從 1925 年到 1975 年的 50 年間，城市化率增長了 36%，遠快於北美和歐洲的城市化速度。相較之下，美國的城市化率從 1870 年到 1970 年的 100 年間，增長了 38.8%；歐洲從 1920 年到 1970 年的 50 年間增長了 20%。[67] 20 世紀 80 年代拉美市場化轉型初期，新自由主義改革推行以私有化、市場化和自由化為核心的經濟政策。在城市治理層面實施私有化和放鬆管制政策，國家權力被削弱。市場化改革的推進導致拉美城市失業率增長，由此引發了大量城市貧困化問題，特別是形成了大量貧民窟。20 世紀 90 年代，拉美中、上階層推動了城市結構從兩級分化現象轉向「碎片化」趨勢，進一步弱化了城市傳統整合機制。此時，在貧民窟問題的基礎上，又增加了由中、上階層形成的隔離形式「門控社區」。

近年來，拉美一些國家實行了新的社會政策，加強城市治理。以巴西為例，巴西是拉美第一經濟大國，在經濟社會取得巨大發展的同時，由於城市化發展過速也滋生了大量貧民窟引發了暴力等多種社會問題。巴西政府設立了專門的治理機構，從聯邦到地方建立了較為完善的社區治理體系，形成了政府、公民、非政府組織等多

<hr>

67　韓琦. 20 世紀 80 年代以來拉美城市化模式的轉型及其原因 [J]. 上海師範大學學報 (哲學社會科學版)，2020, 49(01): 5-14.

元主體的協作治理網絡。[68] 從國家的層面來看，巴西是聯邦制國家，由聯邦政府、州政府和市政府三個層級組成。在城市政策方面，市政府負責規劃、土地使用、公交系統、垃圾處理等；州政府負責公共交通系統、治安和環境等；住房、衛生和排水設施等大部分交由政府外包給私人公司負責。從社會的層面來看，20世紀七八十年代的社會運動勢力是推動巴西政府實行政治民主轉型的重要力量，國家與私人部門也開始相互滲透。[69] 儘管拉美各國對城市基層治理已作出了很大改善，但是由於過度城市化所導致的社會問題依然嚴峻。

（5）模式比較

表 2：各國城市基層治理模式比較

國家	國家與社會的組織形態	城市基層治理的主要特徵	社會組織特徵	公民社會特徵
中國	上下結合	引領型自治半正式治理	行政性與自治性相互滲透	黨建引領下鼓勵公民參與、社區居民組織化程度較低
前蘇聯	自上而下	國家統管	社會組織難以生存	個人被國家吞噬
俄羅斯	自上而下	國家統管	政治色彩較重	公民參與程度較低
美國	自下而上	公民自治	第三部門發展較為完善、高度社會化服務模式	公民自治能力較高

68 王海峰 .「貧民窟」治理：巴西的行政實踐與經驗借鑒 [J]. 蘭州大學學報 (社會科學版)，2018, 46(03): 40-48.
69 Marques E. Government, political actors and governance in urban policies in Brazil and São Paulo: concepts for a future research agenda[J]. Brazilian Political Science Review, 2013, 7(3): 8-35.

國家	國家與社會的組織形態	城市基層治理的主要特徵	社會組織特徵	公民社會特徵
英國	自下而上	多方合作	「慈善性」和「管辦性」	NGO、NPO、私人企業等多方合作
日本	上下結合	行政性與自治性相結合	社會性和服務性較強，政治性較弱	市民組織和町內會提供居民參與形式、公民自治能力較高
新加坡	上下結合	行政主導	權威政治下對國家進行代替和補充	政府主導下的公民參與
非洲	組織程度較低	碎片化	組織鬆散、缺乏權威性	缺乏整體性、分裂、發育遲緩、力量弱小
拉美	組織程度較低	碎片化	影響力較小、缺乏資金支持	公民社會脆弱、貧困差距大

表 3：各國城鎮化率

國家 2019 年	中國	前蘇聯 1989 年	俄羅斯	美國	英國	日本	新加坡	南非	拉美
城鎮化率	60%	66%	75%	82%	84%	92%	100%	41%	78%

數據來源：世界銀行及網絡

　　表 2 為各國模式比較，不同國家在特定的社會環境、經濟水平、社區發展需求下呈現出不同的城市基層治理模式。表 3 為各國城鎮化率，目前中國的城鎮化率已超過 60%，絕大多數人生活在城市社會中，城市基層治理至關重要。作為「前車之鑒」的前蘇聯東歐國家，曾與中國有着相似的政治經濟發展模式。政府通過「單位—街區制」和街道、居委會模式對城市基層進行治理，由國家對

社會進行全面控制。在蘇聯的「強大國家」與「弱小社會」二元對立關係中，國家統管一切，社會失去話語權，因而在一定程度上造成了國家與社會的「脫嵌」，推動了蘇聯的解體。俄羅斯的城市基層治理是在政府主導下推動的，公民參與程度較低。

以美國和英國為代表的西方國家在政治體制和經濟文化等方面都與中國有較大差異，美國和英國的城鎮化率相對較高，分別是82%和84%。相較之下，美國城市治理具有較高的自治水平，社區被賦予自治權利。政府不會直接對社區進行管控，而是通過制定法律法規提供保障支持。一直以來，美國國家與社會的關係被稱為「弱國家和強社會」的二元對立關係模式，從權力譜系社會學的視角來看，美國的國家與社會是一種多元的互動模式。以英國為代表的福利國家，在城市基層治理中表現為多元合作模式，具有較強的政策驅動性。在實踐中建立了政府、NGO、NPO、企業、社區等多方合作關係。城市基層治理的發展歷程中，英國政府通過權力下放，不斷強化了多元主體的合作模式，並加強了公民參與機制。

中國與日本、新加坡等東亞國家同受儒家文化的影響，有着相似的傳統和文化背景。雖然日本奉行西方的「民主」制度，但是並沒有向西方那樣完全民主化，其民主主義和自由主義都是基於傳統的國家主義和威權主義之上。日本城市基層治理模式具有典型的「混合模式」特徵，町內會和市民組織是主要的參與主體。日本分為中央政府、地方政府和基層政府三級行政管理體制。町內會作為社區自治組織，是由居民選舉產生的最底層組織，既具有政府的行政功能，同時具有居民的自治性。日本的町內會與中國的城市社區居委會相似，都屬於地緣組織。相較之下，日本的町內會的自治能力較強，中國的城市社區居委會的行政色彩較濃。新加坡是一個

典型奉行「精英主義」的國家，在人民行動黨的長期領導下，多元羣族保持和諧。以新加坡為代表的國家採用的是行政主導的治理樣式，政府自上而下的設立許多派出機構，城市基層治理官方性強。

以拉美和非洲國家為代表的後發國家，城市化速度發展迅速。拉美和非洲國家的城市化經驗及教訓可以為中國提供有意義的啟示。一方面，拉美和非洲國家都存在不同程度的過度城市化現象，引發了大量城市化問題，出現了嚴重的城市病。拉美作為發展中國家，城鎮化率為 78%，與美國僅相差 4%，比中國高 18%。然而，隨着人口急劇膨脹所引發的就業、住房、貧富差距等問題的產生，使得社會矛盾激化，大城市病尤為突出。另一方面，源於民族、宗教和殖民統治的長期影響，很多後發國家都面臨着社會碎片化和國家能力不足的問題。儘管一些非洲國家正將廣泛權力下放到地方，但是整個非洲大陸的情況仍然分散化，阻礙其形成持續有效的城市基層治理能力。

五、中國治理模式的獨特性與實踐效果

（一）改革與發展

城市是一種「次國家空間」，是由社會、政治、經濟、文化、生態等多種要素交織形成的「網絡系統」。在西方，對於「城市治理」概念的研究有着廣義和狹義的兩種解讀。廣義層面如大都市政府理論，依照「地理單元」路線，認為城市治理是在空間層面上對城市地域的治理，推動整體地域的發展。狹義層面如城市權力結構理論，依照「公共權力」路線，認為城市治理主體是政府、非政府組織、私營部門。[70] 中國的城市治理是基於改革與發展的歷史背景下形成的實踐探索，因而不能完全依照西方的概念來進行闡釋。

新中國成立初期，中國的重點放在建立一個社會主義社會或者說是社會主義國家，黨的工作重心開始由農村轉向城市。受到計劃經濟體制的影響，社會資源完全由國家調控配置。在全國範圍內推進集體化道路的背景下，城市中形成了「單位制」制度，對於沒有單位的一般居民，則採取「街居制」管理制度。單位不僅僅是一種經濟組織，更是國家管控城市基層社會的一種重要工具，國家藉助

---

70 范逢春，譚淋丹. 城市基層治理 70 年：從組織化、失組織化到再組織化 [J]. 上海行政學院學報，2019, 20(05): 14-23.

單位實現對社會的控制。這種體制之下，中國城市基層治理呈現出幾點特徵：一是街道和居委會被邊緣化。一方面，單位管理了城市大部分人口，街道和居委會作為單位的補充，僅管理其他小部分無法納入單位的居民。另一方面，「條塊」管理模式使得政府職能深入到社區鄰里，街道和居委會僅起到輔助作用。[71] 二是居民身份特徵得到強化。在「單位制」與「街居制」二元管理體制下，城市居民被分為「單位人」和「非單位人」。對於「單位人」來說，由於單位負責各種社會資源的分配，因而「單位人」與街居組織脫離。三是社會權利空間的缺失。這一階段，國家治理模式形成了政社不分、以社代政的模式，「國家」與「社會」並沒有明確的區分，具有明顯的自上而下的單向度控制模式。[72] 這一階段，由於國家和「單位」承擔了過多的服務職能，導致社會權利缺乏。

改革開放以後，隨着城市市場化改革和市場經濟的建立，大量「社會人」出現形成了全社會的「去組織化」，社會領域逐漸形成。黨的十一屆三中全會開始推動體制改革，意識形態轉變為以經濟建設為中心，激發了社會成員的積極性。十六屆四中全會中明確指出要「建立健全黨委領導、政府負責、社會協同、公眾參與的社會管理格局」，並強調要「加強基層社會管理和服務」。[73] 黨的十九大報告指出，「中國特色社會主義進入新時代，中國社會主要矛盾已經轉化為人民日益增長的美好生活需要和不平衡不充分的發展之間的

71　楊榮. 論我國城市基層管理體制的轉型 [J]. 國家行政學院學報，2002(04):15-19.
72　王思斌. 新中國 70 年國家治理格局下的社會治理和基層社會治理 [J]. 青海社會科學，2019(06): 1-8+253.
73　王思斌. 新中國 70 年國家治理格局下的社會治理和基層社會治理 [J]. 青海社會科學，2019(06): 1-8+253.

矛盾。」進一步強調基層治理的重要性。從改革和發展的全局來審視，中國城市基層治理可以概括出幾個鮮明的特點。第一，黨的基層組織在城市基層治理格局的變遷中起到了主導作用。第二，立法先行是中國城市基層治理格局中的重要特點。第三，中國城市基層治理格局的變遷是圍繞着不同時期黨政的工作重心展開的。

（二）「引領型自治」：黨組織的核心引領作用與社會自治

中國與西方國家最大的區別在於政黨與國家和社會之間的關係。西方是先有市民社會，再有國家，後產生政黨。正如法國學者托克維爾所說，「在美國，鄉鎮成立於縣之前，縣又成立於州之前，而州成立於聯邦之前」。[74] 中國則是先黨後國，再形成社會。因而，城市基層治理的邏輯不能單純從國家與社會的二元關係視角來審視，中國共產黨作為國家政治的領導核心以及社會的組織核心，是中國國家與社會關係中不可忽視的重要組成部分。

黨建引領城市基層治理的價值表徵不僅將新時代黨的使命和擔當體現出來，同時對現代國家關鍵的重大關切作出回應。1949年，中共七屆二中全會報告中提出「從現在起，開始了由城市到鄉村並由城市領導鄉村的時期。城市中的其他工作，都必須圍繞着生產建設這個中心工作並為這個中心工作服務。」明確了黨的工作重心由鄉村轉移到城市的問題，拉開了中國共產黨對城市接管的序章。人民公社時期，實行「黨政合一、政社合一、工農商學兵五位

74　[法] 托克維爾.《論美國的民主》(上卷)[M]・董果良譯，北京：商務印書館，2012 年 .

「一體」，社會形成了階級鬥爭和政治掛帥的思想，居民委員會缺乏自主性。因而在 1958 年左右，城市基層治理形成了以黨支部為核心的治理模式，政治職能佔據主導地位。[75]

經過一系列的全面深化改革，廣泛的制度變遷使中國制度系統更具有多元性、參與性、回應性和競爭性，城市基層社區治理體制框架基本形成。黨的十九屆四中全會提出堅持和完善共建共治共享的社會治理制度必須「構建基層社會治理新格局」。強調了基層是中國社會治理的基礎和中心，要加強基層社會治理，就必須把資源、管理、服務放到基層，同時積極推動基層社會治理創新。提高基層治理的質量和水平的關鍵在於基層黨建的引領，通過基層黨建與城市基層治理相結合，將黨的核心作用貫徹到城市基層治理的實踐過程中。[76] 在中國共產黨的領導下，城市和社區治理中逐漸融入了公開聽證會及其他協商機制和維權行動，居委會和其他半自治機構為公民行使執政權利提供了新渠道。

（三）實踐效果

近年來，在研究城市基層治理的過程中，政府、企業、社會組織、公民多元主體之間的相互作用日益突顯，「公私夥伴關係」、「民營化」、「網絡治理」、「協作性公共管理」等概念相繼出現。西方理論界更傾向於將這種跨部門合作現象定義為「協同治理」

75　陳輝. 新中國成立 60 年來城市基層治理的結構與變遷 [J]. 政治學研究，2010(01): 47-58.

76　張戈. 黨建引領基層治理：邏輯機理、價值表徵和實踐進路 [J]. 雲南社會科學，2020(02): 17-21.

（Collaborative Governance）。學者們對「協同治理」達成了兩點共識：其一，除政府外的其他行動人加入到治理中。其二，各行動人在治理中為相同目標共同決策和行動。總體來說，西方的協同治理具有公共性、多元性、互動性、正式性、主導性、動態性六個特徵。[77] 在西方的語境中，城市基層治理體系主張以網絡式治理結構形成的縱向政府間關係，國家與社會之間的關係採取制度性分權，權力明確劃分並形成合作夥伴關係。

　　與西方不同，儒家傳統的倫理政治話語中「身—家—國—天下」的認知中，「身」指代自我，「家」是指血緣宗法家族，「國」是國家，「天下」則是以仁義為核心價值的道德秩序。概括來說，國家與社會沒有明顯的界限，國家與社會彼此消融。[78] 對於傳統中國社會自主性的研究，一種觀點認為，傳統時代皇權不下縣，國家的能力具有局限性，家國具有同質性和一元性的特徵。費孝通的「雙軌政治」概念認為中國傳統社會有着自上而下的中央集權軌道以及自下而上基層組織自治軌道。[79] 另一種觀點則認為，中國沒有獨立的社會，並簡單歸之於「東方專制主義」。德國學者魏特夫在《東方專制主義》一書中從「治水社會」的角度出發，認為國家最高政治權力完全控制着治水社會的組織網絡，也可以稱為「治水專制主義」。[80]

　　隨着社會轉型，對國內城市基層治理多元主體間關係的研究是

77　田培杰. 協同治理概念考辨 [J]. 上海大學學報（社會科學版），2014, 31(01): 124-140.

78　周慶智. 中國基層社會秩序變遷及其建構涵義 [J]. 華中師範大學學報（人文社會科學版），2018, 57(01): 17-33.

79　費孝通：《鄉土中國、生育制度》，北京：北京大學出版社，1998 年

80　魏特夫. 東方專制主義 [M]. 北京：中國社會科學出版社，1989 年

近年來學者不斷探討的議題。中國的基層治理邏輯是黨的引領與社會自治相結合的模式，也就是「引領型」自治模式。在社區治理中，黨組織、基層政府、贏利企業、社區自治組織和中介組織作為五大主體，形成了政治系統的「二元半」、社會系統的「三點一線」、經濟系統的「三架馬車」三種基本關係。其中，居委會作為這三種關係的中間橋樑，推動了多元主體間的相互作用。[81] 在城市基層治理體系中，社區的行政性與自治性之間並不是完全相悖。一方面，縱向上國家與社會形成多層級核心治理結構，從上到下各層級都有一個核心的治理主體帶動多元治理主體形成緊密鏈條。作為基層治理體制中的基層單元，社區鑲嵌於城市基層治理體制中。另一方面，在「半正式治理體制」中，社區兩委向上連接行政機制，向下連接自治機制，形成有效的銜接機制。[82]

從權力譜系社會學的理論框架來看，在「引領型」自治模式中，國家與社會在互動互構的過程中彼此融合。黨建在城市基層治理中發揮政治引領、社會協調以及文化融合作用，有利於提升城市基層治理的有效性和合法性。這一模式的難點在於如何把握國家權力滲透的力度，過度「國家化」易導致社會體制的「剛性化」，不利於社會意志的表達。相反，國家權力的過度撤出將導致整個治理形態的軟性化，基層治理易陷入癱瘓之中。

81　任曉春 . 論當代中國社區治理的主體間關係 [J]. 中州學刊，2012(02): 6-9.
82　張雪霖 . 鏈式治理結構：解釋中國特色社區治理模式的理論框架 [J]. 科學社會主義，2020(02): 113-119.

第五章

保護社會的制度如何具體落實

一、引言

　　社會政策在中國已經是一個被廣泛應用的概念，但是社會政策到底指的是甚麼內容，仍然存在很大的分歧。從社會政策產生的歷史背景來看，社會政策是工業社會的產物，最初起源於德國。19世紀80年代，德國作為世界上最重要的工業資本主義國家，面臨着嚴重的勞資衝突和工人運動。為了應對這一緊張的勞資關係，德國經濟學家希望通過政府制定政策來保護工人的權益，從而減少工人運動的發展，以此來維護社會公平與穩定。[1] 從世界上現有的社會政策的形態與內容來看，其含義具有廣義和狹義之分。狹義的社會政策，主要指的是社會福利政策，強調的是對社會弱勢羣體的福利需求。其政策干預的手段主要是通過行政介入來進行資源分配，一般通過稅收和轉移支付政策來解決低收入羣體的福利需求，主要關注的是對低收入羣體的服務提供與收入保障。[2] 很明顯，這是國家福利模式下的社會政策。

　　20世紀90年代之後，西方部分國家開始審視傳統的福利模式下社會政策的弊病，比如政府的財政壓力以及福利懶人等問題。很多西方的經濟學者，不再將社會政策視作是幫助經濟政策收拾殘局

1　王思斌. 我國社會政策的「自性」特徵與發展 [J]. 社會學研究，2019(04): 10-19
2　黃晨熹. 社會政策概念辨析 [J]. 社會學研究，2008(04): 163-181

的附屬政策，而是看到了社會政策對於人力資源的投資價值。同時，重新認識和界定國家、社會、市場和個人在公共服務提供中的角色與界限。在此含義下，社會政策中的社會不再局限於部分特定的羣體，凡是與社會相關的政策，均可稱之為社會政策，比如教育、住房、醫療等，也就是廣義上的社會政策，成為公共政策內容的一部分。這種含義中的社會政策，政府主要通過三種途徑來影響社會。其一，通過國家福利政策來建立社會服務和福利項目；其二，通過其他公共政策來直接影響福利的提供，比如稅收政策；其三，通過公共政策來間接影響福利，主要通過制度與法規的制定來影響公民社會權益保障。對於西方發達國家而言，北歐一些國家的社會政策可以對標到具有強烈社會福利特徵的政策模式，而以美國為代表的新自由主義國家的社會政策更接近廣義上的社會政策。

有的學者將中國社會政策的特徵總結為弱勢性社會政策。一方面強調中國社會政策長期以來的邊緣化與無力狀態，新世紀之前的社會政策一直作為保障經濟體制改革以及穩定社會的政治功能而存在[3]。另一方面強調中國社會政策中的弱社會性，即社會政策的社會性不強，主要的目標對象為社會上的弱勢羣體。[4]當然，進入新世紀之後，這樣的狀態有所改變，隨着經濟發展帶來的社會問題的逐漸突顯，中央開展注重社會建設的事業，中國的社會政策正處於重要的建設時期。中國的養老政策在這樣的社會政策生態下，與世界其他國家相比，具有獨特之處。同時，隨着中國人口結構的轉型

3　王思斌. 我國社會政策的實踐特徵與社會政策體系建設 [J]. 學海，2019(03): 12-18

4　王思斌. 我國社會政策的弱勢性及其轉變 [J]. 學海，2006(06): 25-30

以及老齡社會的到來，以及現代家庭結構與代際關係的變遷，使得中國養老政策的轉型與完善變得尤為急迫。養老政策的轉型，在一定程度上可以體現新時代中國的國家與社會關係的轉變過程。

從社會政策角度探討國家與社會的關係，研究的核心問題是國家如何通過政策工具來保護社會。社會政策是現代工業社會的產物，在工業化之前的前現代統治形式下，國家與社會個體之間的關係是以賦稅和勞役為主的單向性的「壓榨」和「剝削」關係[5]，對於孤弱老殘等弱勢羣體的社會救助主要由家庭、家族和宗教等社會組織承擔。社會政策的出現，意味着社會個體與統治政體之間關係形態的一大轉變，標誌着社會個體與國家之間的關係從前現代那種簡單的單向性的統治與被統治的負稅關係轉為雙向的公民權利與義務的國家與公民關係，國家直接對公民的權益負有責任。

與西方國家相比，中國的社會政策體系建設是相對滯後的。這種滯後性體現在現代民族國家建立之後的很長時期內，大部分公民的社會權益依然由社會自身負責與承擔。這種滯後性雖然受到經濟發展程度的制約，但在某種程度上表明雙方之間國家與社會關係的不同。對於西方國家而言，社會是先於或者外於國家而存在，由社會決定國家，公民是國家權力的來源。在這樣的意識形態下，國家的政策更傾向於為公民的福祉考慮。而中國的國家與社會關係本質上屬於國家高於社會的架構，國家佔主導地位。[6] 在政策體系制定過程中，根據不同的情境在國家目標和社會福利之間進行博弈衡

5　詹姆斯．斯科特著，王曉毅譯，《逃避統治的藝術：東南亞高地的無政府主義歷史》[M]. 北京：生活‧讀書‧新知三聯書店出版社，2016 年。

6　馮燕．國家與社會視野下的農村社會保障制度變遷 [D]. 就業與社會保障論壇論文集，1-6。

量。新中國成立之後，中國整體的發展目標是要改變近代以來，中國在世界格局中的落後性局面，將實現經濟現代化作為國家的重要目標。在新世紀之前的很長一段時間中，中國的社會政策都要讓位於以經濟發展和現代化的國家目標，為此實行暫時「犧牲」專門化的民眾福利的社會政策。可是，隨着經濟發展產生的社會問題逐漸突顯，中國的社會政策不斷調整與轉型。本文以養老政策為案例，通過國際比較的視角來呈現中國社會政策變遷歷程中國家與社會關係的微妙變化。

二、中國養老政策的制度變革

（一）前現代時期中西養老模式的比較

  上文提到社會政策是現代工業社會的產物，養老在前現代時期主要是家庭和社會自身的責任。傳統中國有以尊老為重要內容的孝道文化，不僅強調傳宗接代的重要性，而且整體上形成了一種具有中國特色的「維護家庭、成員自身安全以及國家社會秩序穩定的民族行為準則和民族文化象徵，並在家庭結構代際互助與家庭養老保障方面發揮着積極的作用。」[7] 費孝通先生從代際關係的視角將中國傳統的養老模式總結為「反饋模式」，而西方社會的養老模式為「接力模式」。這兩種模式的區別在於子代在贍養老人方面不同。在中國，父母養育子女，子女要贍養老人，同時子女還要養育自己的子女，在西方子代雖然接受父母的養育，但無需贍養父母，因而是一種接力模式。[8] 有學者的研究顯示，在這一尊老文化下，帝制時期的中國統治者會制定相應的法律與政策來維護家庭的養老功能。具體體現在以下幾個方面：

---

7 李志強 . 西方養老保障制度對我國孝道文化傳承的立法啓示 [J]. 華中科技大學學報 (社會科學版)，2016(03): 131-139

8 費孝通 . 家庭結構變動中的老年贍養問題 —— 再論中國家庭結構的變動 [J]. 北京大學學報 (哲學社會科學版)，1983(03): 6-14

第一，普通百姓高齡者的家庭成員可免除相應的賦役，使其有時間盡贍養和照料的職責。比如，先秦時期的養老制度中涉及到，70 歲以上的老人可享受一子免除徭役；80 歲以上可免除兩個兒子；90 歲以上全家免役。後來不同的朝代，具體年齡和免役制度略有不同。

第二，官員終養高齡尊親制度。為官之人，如果家裏有高齡老人，且無親屬照養，則可允許官員辭官回家盡贍養之職責。比如，唐朝時父母老了無人侍奉，將其委託給親人的官員將會受到懲罰。宋朝為了解決這個問題，採取官員父母七十以上者，就近任職制度。明朝則採取分俸的方式，將自己的俸祿的一部分通過原籍直接交給其父母支配，以此解決官員父母的養老資源不足問題。

第三，犯死罪者存留養親制度。如果犯重罪者是家中獨子，且有年老父母無人贍養，則可免除死罪，以輕的刑罰取代，讓其得以繼續照料父母。另外，通過表彰和懲戒等方式強化子女贍養義務的履行以及規管婚姻與財產繼承與養老之間關係的習俗，來維護家庭的養老功能。[9]

家庭是帝制時代中國的養老保障體系中的核心載體，是中國的家庭本位與倫理本位的思想在養老領域的體現。而宗族作為基於血緣而形成的家庭的延伸性社會組織，在養老保障中也具有互助性的功能，主要為家族內部的弱勢老年羣體提供生活保障。比如家庭貧困潦倒、無人贍養的老人，宗族為他們提供兜底保障，形成家庭之外的保護網。而國家的養老保障更多是一種帝王的關懷，主要覆蓋

9　王躍生. 歷史上家庭養老功能的維護研究 —— 以法律和政策為中心 [J]. 山東社會科學，2015(05): 5-14

的是官僚體制內部的官員[10]。對於普通民眾而言，國家的養老關懷只能是「以孝治國」的象徵，不具有真正的保障意義。因此，可以將中國傳統時代的養老保障體系總結為以家庭養老為核心，宗族養老為兜底，國家養老為補充的「差序格局」。[11]

　　費孝通先生只告訴我們在西方的「接力模式」中，父母具有養育子女的責任，但子女無贍養父母的義務。那麼西方的「接力模式」在缺乏現代化的社會保障制度時由誰來養老？有學者的研究顯示，與中國以血緣為基礎的養老模式不同，西方傳統時代的養老模式的核心主要基於財產繼承的契約關係。一項對中世紀西歐有產農民養老模式的研究顯示，在以莊園為基礎的歐洲農業經濟中，家庭成員除了有血緣關係的子女之外，還有僱工與學徒，稀釋了家庭成員之間的血緣關係。另外，航海與商業活動也打斷了西歐家庭成員之間緊密的血緣紐帶。在這樣的背景下形成的家庭文化與中國傳統時代「倫理型家庭」相比，更注重家長的權力。因此，西歐家庭是一種「權力型家庭」。「倫理型家庭」以家庭為本位，注重家庭的傳承與延續，同時講求父慈子孝的代際關係，而「權力型家庭」，家長對於家產的繼承與代際關係的處理具有絕對的權力，導致西歐古代家庭親情比較淡漠。老年人往往通過教區法庭和莊園法庭等法律契約形式，與其選中的撫養人（不一定是子女）簽訂財產換養老的契約。在 15 世紀英國伯明翰下的一個教區，便很少有親屬養老。在同一個教區的歷史記錄顯示，老年人與非親屬簽訂財產換養老協議竟

10　蔣雅娜、王宗禮. 中國古代官吏致仕養老制度淺析 [J]. 中國集體經濟，2019(11): 111-112

11　畢天雲. 論「孝」與中國傳統養老保障網的構建 [J]. 山東社會科學，2017(05): 32-38

然達到 75%。這樣的習慣法制度一直沿用到 16 世紀中期。由此可見，傳統時代西歐國家的養老模式是可以在家庭之外選擇贍養人，以個體為本位的契約式養老，[12] 而中國養老保障是一種家庭內部的以家庭為本位的養老模式。

（二）現代民族國家語境下的中國養老制度變革

1、1949-1979：社會主義實驗與改造階段

新中國成立之後，作為社會主義國家，中國的意識形態與價值觀念完全不同於傳統時代。從 1949 年建國到 1979 年開始改革開放期間，中國的養老保障制度內嵌於國家對社會主義制度的各項「實驗」之中，並隨着國家的社會主義「實驗」而不斷變動。中國一直是一個農業大國，近代以來的工業化發展遠落後於西方世界。因此，新中國成立之後，便形成了農村支援城市，農業支援工業的社會主義改造計劃。圍繞着這一工業計劃，中國的養老保障也形成以城市為核心，以農民為邊緣的等級差序格局。城市形成以單位制為基礎的社會養老保障，而農村則圍繞着土地的所有權變革經歷了以土地和家庭為基礎的養老到公社制的集體養老。與城市的單位制相比，公社化之前的中國農村的養老是非制度化的家庭保障和土地保障。

中國的單位制養老來源於戰時軍事共產主義的傳統。在革命戰爭時期，為了增強革命成員的組織能力與動員能力，需要為其家

---

12 雍正江. 中世紀西歐有產農民養老模式的特徵 —— 以中西古代農民養老模式差異為視 [J]. 求索，2020(01): 45-52

庭成員提供社會保障，以解決革命成員的後顧之憂。新中國成立之後，同樣為了提高國家的整合能力與動員能力，在以公有制為基礎的公營企業以及機關單位中建立有別於資本主義的生產體系與福利體系，形成國家─單位─個人縱深一體的單位退休制度。這樣的單位退休制度是從東北解放區借鑒蘇聯的經驗移植而來。1948 年《東北公營企業戰時暫行勞動保險條例》規定：年滿 60 歲，具有 25 年以上工齡者，根據其在本企業中的工作時長，從勞動保險基金中每月為其發放補助金。其中，年邁但依然能參加工作的人每月發放其工資的 10-20% 的補助金；年邁不能工作者則發放其工資的 30-60% 的補助金。這成為新中國成立初期的勞動保障制度建設模板。1950 年，政務院發佈《關於退休人員處理辦法的通知》正式提出，「退休人員」以及「退休金」的概念。1951 年頒佈《中華人民共和國勞動保險條例》，正式試行單位養老制度。

這一時期養老金主要由勞動保險基金來支付。1951 年《中華人民共和國勞動保險條例》規定，凡是實行勞動保險的企業，須按月繳納相當於該企業全部工人與職員工資總額的 3%，作為勞動保險金，而且不得在工人和職工的工資內扣除。如果本單位的勞動保險基金入不敷出，可以在省一級或者本產業系統內進行調劑。若仍然不足，差額部分由本單位的行政費用支付。該時期的城市養老制度形成國家主導，單位負責，個人不需要繳納任何費用的模式。然而，養老金的替代率卻不低，根據工齡的不同，養老金的替代率在 50-70% 之間。1956 年，國營企業加入這一保險的職工達 1600 萬人，為 1953 年的 4 倍；簽訂集體合同的職工有 700 萬人，全國國

營、公私合營、私營企業職工總數的 94% 享受到了這一保險 [13]。大躍進時期，中國的經濟深受打擊。退休制度建設處於停滯狀態，而政府將工作重心轉移到精簡人員的安置上，將那些精簡下來的員工安置到農村。文革時期，企業的生產功能讓位於政治功能，退休制度也進入無人管理的混亂狀態。社會保險金也遭到破壞，勞動保險變成企業單位保險，缺乏國家統籌，企業直接承擔職工退休的保障責任。結果不僅很多退休人員得不到妥善安置，而且不同企業之間出現嚴重的差異與分化。[14]

該時期，中國農村的養老保障分為兩個階段，第一階段是 1949-1956 年的以土地和家庭為保障時期，第二階段是 1953-1979 年以集體保障階段。新中國成立初期，為了完成新民主主義革命，徹底消滅封建土地剝削制度，推行農民土地所有制的私有化土地改革。土改前，全國將近 40% 的優質耕地掌握在佔總人口不到 5% 的地主佔有。土地改革以後，佔總人口 52.2% 的貧農佔有 47.1% 的耕地，佔總人口 39.9% 的中農，佔 44.3% 的耕地，而佔總人口將近 8% 的富農和地主擁有 8.6% 的土地 [15]。這一時期的農民社會保障與傳統時代沒甚麼區別，主要以家庭為保障，只是與傳統時代相比，農民獲得了生產資料，基本的生存問題得以解決。而政府的任務主要在於社會救災、救濟以及社會優撫工作。比如，為那些貧苦殘老孤幼、農村生活困難羣眾以及貧苦的烈士軍屬發放救濟，標準是每

13　周幼平. 中國社會政策變遷研究：一個演化的視角（1978-2008）[D]. 上海交通大學博士學位論文，2012 年，P60

14　田毅鵬、王英娜. 單位退休制度研究論綱 [J]. 社會科學戰綫，2017(08): 174-184

15　張堯. 農業生產方式變革下的農村社會保障制度體系完善研究 [D]. 華中科技大學博士學位論文，2016 年，P48

人每月發放不超過 17.5 公斤的口糧及衣被，還有發放救濟糧款，免除農業稅收等。1953-1956 年，開始了以小組為單位的合作化運動，但是當時的合作化運動只是一種「入夥」的組織形式，合作的範圍依然在傳統的自然村範圍之內。家庭的獨立性以及生產和生活的形式並未發生根本性的改變，所以當時的養老保障依然是非制度化的土地和家庭保障形式。

1955 年開始，農村社會主義建設浪潮開始席捲全國，農業生產合作社迅速發展。到 1958 年底，99% 以上的農戶被編入人民公社 [16]。人民公社的建立，推動了集體社隊負擔的農村社區老年保障制度的建立。農業合作社與人民公社制度的建立，對於農村養老保障的影響主要表現在兩個方面。第一，土地所有權從農民所有轉為集體所有。家庭作為基本的生產單位瓦解，所有的社會個體被整合進公有制為基礎的生產關係當中，依靠在公社中的集體勞動換取工分與糧食分配。這種以個人作為社隊成員身份來進行生產與分配的制度，意味着家庭原有的養老功能被取消，老年人只能依靠自己在集體中的身份來換取養資源。另外，社會本來用於接濟村中弱勢羣體的族田等公共生產資料也被消除，家族等社會組織難以發揮養老功能。隨着生產方式的變化，農村養老保障的供給主體也由家庭轉移到集體，形成五保供養制度為基礎的養老保障制度。特別有意思的是，這樣集體養老模式來源於河南一個縣的養老經驗。受戰爭和饑荒等災害的影響，無子女的孤寡老人的養老問題是當地社會面臨的嚴重的社會問題。於是當地社會便將這些老人集體供養。後來，國家層面借鑒了這樣的經驗，並將其在全國推廣。

16　張艷. 我國農村老年保障制度變遷研究 [D]. 西北農林科技大學，2012 年，P47

五保供養制度正式建立於 1956 年，中央發佈《1956—1967 年全國農業發展綱要（草案）》規定：合作社負責社會五保成員的保障問題，並且明確提出以農村集體經濟作為保障，供養對象主要為合作社內部缺少勞動力，生活無依靠的鰥寡孤獨的農戶和殘疾軍人，給予保吃、保穿、保燒，給予年幼的保教和年老的死後保葬五個方面的保障，簡稱「五保」。[17] 五保人員的供養費用主要來源於人民公社下的集體公益金，一般將公社總收入的 2-3% 作為集體公益金，部分地區為 5%。五保人員的照護標準，不同的地區不同。比如山東省為人均 50 元，江南地區則採取全保戶 50 元，半保戶 30 元，補助戶 20 元的標準進行 [18]。在照護人員方面，通過村（隊）派人照護、隊供親養或者親友全養（集體付給報酬）等方式解決。1958 年大躍進時期，公社開始集體生活。同年出台《關於人民公社若干問題的決議》規定要辦好敬老院，解決好鰥寡老人的生活與吃飯問題。[19] 全國各地興建敬老院，不僅面向孤寡老人，本社成員只要自費也可入住敬老院 [20]。據 1958 年統計，全國農村享受五保的有 413 萬戶、519 萬人，全國共辦起敬老院 15 萬所，收養 300 餘萬五保老人 [21]。

17　周幼平 . 中國社會政策變遷研究：一個演化的視角（1978-2008）[D]. 上海交通大學博士學位論文，2012 年，P64-65
18　張艷 . 我國農村老年保障制度變遷研究 [D]. 西北農林科技大學，2012 年，P64
19　常亮 . 中國農村養老保障；制度演進與文化反思 [D]. 中國農業大學博士學位論文，2016 年，P68
20　何昌勤 . 敬老院：人民公社時期的集體養老實踐 —— 以吉西南北佳壋村為個案 [D]. 華中師範大學碩士學位論文，2013 年，P17-25.
21　張堯 . 農業生產方式變革下的農村社會保障制度體系完善研究 [D]. 華中科技大學博士學位論文，2016 年，P61.

2、1979-2006：改革開放與市場化、社會化階段

改革開放之後，中國各種性質的企業逐漸增多。原來基於國有和集體企業格局的社會養老保險制度必須轉型，對接多元性質的企業的勞動力需求。1982 年，中國第一次參加世界老齡大會，意識到自己即將面臨的老齡化問題。而且中國的老齡化問題隨着計劃生育的執行，來得更快，面臨的養老壓力更大。另外，經過集體時期國家對家庭與宗族文化的改造，將個人從家庭和宗族中分離出來，整合進集體當中，這一改造計劃削弱了中國傳統文化中的養老、敬老文化，老年人的養老問題陷入危機。[22] 總之，中國企業的發展轉型以及與世界資本的接軌，加入世界共同應對老齡化問題，家庭結構與代際關係的轉變弱化了家庭的養老功能等等，多方因素迫使中國必須建立現代的養老保險制度。

該階段中國的養老制度隨着國家發展戰略的調整而改變，具體表現為在城市中隨着企業私有化與市場化的發展，城鎮職工通過建立社會養老保險來獲取未來的養老資源，推動養老保障的社會化發展，實現養老支持從單位保障向社會與家庭共擔轉變。[23] 養老資金的籌集也從國家財政支持逐漸轉向企業與個體共同承擔。1991 年國務院頒佈的《關於企業職工養老保險制度改革的決定》提出，建立基本養老保險、企業補充養老保險和個人儲蓄養老保險相結合的多層次的養老保險制度，費用由國家、企業和個人三方共擔。1997 年又出台文件，統一了全國的養老保險制度，對企業與個人的繳費

22 閻雲翔著，龔小夏譯.《私人生活的變革》[M]. 上海，上海出版社，2009 年。
23 李連友、李磊、鄧依伊. 中國家庭養老公共政策的重構 —— 基於家庭養老功能變遷與發展的視角 [J]. 中國行政管理，2019(10): 112-119

比例、個人賬戶的規模、基本養老金計辦法等做了規定。2005 年，國務院出台相關的完善文件，提出擴大基本養老保險覆蓋範圍、逐步做實個人賬戶、社會統籌基金和個人賬戶基金實行分開管理等，並對個人繳費部分與企業繳納部分的不同賬戶歸屬問題作出明確規定。[24] 可是，即使社會企業進行養老保險制度的改革，機關和事業單位的人員無需繳納個人部分，由國家財政統一發放。這與企業職工實行由企業和職工本人按一定標準繳納的「繳費型」統籌制度完全不同。由此，城市職工的養老制度形成了企業與機關事業單位兩種截然不同的「雙軌」模式。

在農村，隨着人民公社的瓦解與家庭聯產承包責任制的推行，基於公社成員身份的集體養老制度喪失了經濟基礎，難以承擔集體養老的任務，養老功能大部分回歸到家庭本身。但是，對於弱勢群體的救濟福利制度依然維持了下來。比如，基於集體經濟的五保供養制度雖然喪失了經濟基礎，但是民政部制定條例，明確從農戶的上交的農業稅費中以提留公益金的方式繼續維持供養五保人員的經濟來源。1997 年制定《農村敬老院管理暫行辦法》，使得原本以供養五保人員為主體的敬老院正式成為農村的養老服務機構，而五保制度也正式成為中國市場經濟時代農村養老福利供給的正式制度。2006 年修訂了《農村五保供養工作條例》，首次明確規定了國家、地方政府、鄉鎮和村集體之間的責任分擔問題，以地方財政負擔，鄉鎮和集體收入為補充，中央對經濟困難地區進行補貼。同時，國家層面也在着手探索建立農村養老保險制度，即「老農保」。國

---

24 劉仁春，陳秋靜. 政策變遷中的路徑依賴：我國養老公平問題審視 [J]. 中州學刊，2016(11): 56-61

家先後於 1987 年和 1992 年發佈了《關於探索建立農村社會保障制度的報告》、《縣級農村社會養老保險基本方案》。與城市職工養老保險相比，實行完全積累制度的個人賬戶，籌資完全由農民個人承擔，集體經濟好的地區可給予一定的補貼，保險設立幾個檔，個人自主選擇參保檔。截止到 1989 年 6 月，全國開展農村養老保險試點的省（自治區、直轄市）有 19 個、縣（市、區、旗）有 190 個，有 800 多個鄉、8000 多個村建立了農民養老保險制度，參加保險人數近 90 萬人，共籌集資金 4095.9 萬元，有 21.6 萬人享受養老金。到 1992 年底，調低了參與保險的基數，同時可參保的檔次從 5 擋增加到 10 擋。到 1992 年年底全國 170 個縣共 3500 多萬農民參加了社會養老保險，保險費累計達 10 多億元。截至 1995 年，參保人數最多時近 8200 多萬人 [25]，基金積累近 140 億元，初步建立了中國的農村社會養老保險制度。[26] 可惜的是，受 1997 年亞洲金融風暴的影響，養老金收益下降。1999 年，《國務院批轉整頓保險業工作小組保險業整頓與改革方案的通知》做出了「中國農村尚不具備實現社會養老保險條件」的結論，標誌着該階段的農村養老保險制度建設的失敗。[27] 該時期的農村養老保險制度，因集體和國家在財政投入方面的缺失，本質上相當於農民自我養老。

3、2006 至今：不斷完善和擴展養老保險服務階段

該階段與之前相比，中國已經進入老齡化社會，全國的老年撫

---

25 張艷 . 我國農村老年保障制度變遷研究 [D]. 西北農林科技大學，2012 年，P82

26 劉仁春、陳秋靜 . 政策變遷中的路徑依賴：我國養老公平問題審視 [J]. 中州學刊，2016(11): 56-61

27 巨源遠 . 農村不同主體的養老福利提供與多元福利體系的制度化 [D]. 中國農業大學博士學位論文，2017 年，P38

養比從 1982 年的 8% 增加到 2001 年的 10.1%[28]，養老問題變得更為急迫。2006 年，中國取消了農業稅，農民的負擔大為減少。同時，政府開始成為農村社會救助的財政供給主體。原來的五保供養資金完全由政府財政支付，標誌着農村供養工作由集體救助制度正式轉變為國家的社會救助事業。國家與社會及社會弱勢羣體的關係進入一個新的階段，社會從為國家承擔基本的救助工作中解脫出來，國家對弱勢羣體的福利關懷從制度干預轉向直接管理。此外，2007年國家出台低保制度，進一步保障了農村貧困老年人的基本養老福利。

2009 年國務院頒佈《關於開展新型農村社會養老保險試點的指導意見》，提出在全國範圍建立個人繳費、集體補助和政府補貼相結合的新農保制度，標誌着中國農村養老保障事業發展進入一個新時期。其中，地方財政補貼按照縣市級、省級進行配套，中央政府按照東、中、西等地區進行不同額度的補貼。同時，60 歲以上的農村老人可獲得國家財政支出的基本養老金。新農保與老農保相比，解決了「老農保」自保自養的問題。此外，國家基本養老金的投入，雖然額度很低，但解決了老農保無法覆蓋現有老人的問題，增強了吸引力。2014 年，國務院頒發《關於建立統一的城鄉居民基本養老保險制度的意見》，從制度上結束了中國城鄉二元分離的雙軌養老保險體制。

該階段內，城市職工的基本養老保險制度並沒有大的變革，而政府的養老工作重心轉向養老服務，主要通過各種政策工具來引導社會力量參與養老服務的供給。比如，2006 年，老齡委等十一部

---

28 數據來自國家統計局

門聯合頒發《關於加快發展養老服務業的意見》，將居家養老、社區服務、機構養老並列為養老服務體系的三個組成部分。黨的十七大確立了「老有所養」的民生發展目標。2011 年《國民經濟和社會發展第十二個五年規劃綱要》提出新的養老服務體系，將中國的養老服務供給佈局為「居家為基礎、社區為依託、機構為支撐的養老服務體系」。之後，政府從養老機構的規範運行，老年羣體權益的保障再到鼓勵民間資本進入養老服務領域，強調政府購買養老服務等多方面出台文件與政策，推動中國養老服務的市場化發展進程。同時，政府也動用稅收工具強化家庭的養老功能。[29] 2019 年財政部出台文件規定，家有贍養老人的職工，可免除各 1000 元的稅收額度。雖然稅收免除的力度不大，但反映出了國家通過稅收政策工具來推動養老供給主體多樣化的趨勢。此外，國家還出台政策積極推動企業年金與商業養老保險的發展，推動養老保險供給主體的多樣化。與此同時，該階段養老政策的功能不再局限於福利供給，養老政策具有保護社會進而推動經濟發展的目標更加清晰和突顯。

29　馬嵐.改革開放四十年我國社會化養老服務的政策演進和發展趨勢,重慶社會科學，2018(12): 17-26

三、中國現代型養老保險制度及其國際比較

　　上文介紹了中國養老保障制度的變遷歷程，這一變遷歷程非常明顯地反映了中國養老保障制度的建立與轉型本質上是與中國生產方式的變遷互相嵌套在一起。隨着改革開放的推行與老齡社會的到來，中國制度化的養老保險體系不斷發展，同時逐漸與世界接軌。僅通過梳理中國養老制度的歷史變革進程難以為中國的養老模式定位，歷史的變革歷程只能反映出中國養老保障體系內部自我變革的時代原因與社會基礎。要想更好的理解中國養老保險體系的獨特性，還需要對中國當下養老保險體系的內容與國際社會的主流模式進行對比，才能看到中國養老制度的優勢及其不足。目前，國際社會中的養老模式大概有以瑞典為代表的福利國家的福利化取向的北歐模式，以英美為代表的福利國家市場化模式，以日本為代表的社會保險取向模式，以智利和新加坡為代表的強制儲蓄保障型模式，另外還有以南非和印度為代表的歷史上存在制度性羣體歧視的獨特模式。本部分通過養老保險供給模式、養老金的收益模式以及養老基金的統籌、運營與管理三大方面與國際社會幾種主流養老保險模式進行比較，分析中國當下養老保險體系的內容。

（1）以第一支柱（基本養老保險）為主的中國養老保險供給模式

隨着大多數國家進入老齡化社會以及家庭與社會自身養老功能的進一步弱化，為各國的老年羣體提供充足的經濟保障對於個人與國家而言變得尤為重要。1994 年，世界銀行提出三支柱體系來為高齡人羣提供收入保障，這三支柱體系對應到具體的養老保險制度分別為以公民身份為基礎的公共養老金制度，以企業年金為基礎的企業年金制度以及商業養老保險制度。2008 年，世界銀行又在三支柱的基礎上擴充了非繳費型的基本養老金和養老保險體系之外的一些自願性資產投資和護理等非正式支持體系兩大支柱的「五支柱」體系。

目前，中國的養老保險體系是以第一支柱的公共養老金為主的單一的養老保險體系。中國的公共養老金主要包含兩部分，分別為城鎮職工基本養老保險和城鄉居民養老保險。表 1 為 2013-2018 五年中參加基本養老保險人數及其佔就業人數的比例，可見中國的基本養老保險對就業人數的覆蓋率在 2013 年之前就已達到 100%，而超出 100% 的部分包含部分退休人員以及城鄉居民中仍在繳納養老保險的老年羣體。

參加基本養老保險人數及比例（單位：萬人）[30]

	2013	2014	2015	2016	2017	2018
就業人數	76977	77253	77451	77603	77640	77586
參保人數	81968.4	84231.9	85833.4	88776.8	91548.3	94293.3
參保人數佔比	106.48%	109.03%	110.82%	114.40%	117.91%	121.53%

　　這從側面說明，中國的作為第一支柱的基本養老保險的覆蓋率已趨於飽和。與作為第一支柱的基本養老金相比，作為第二支柱的企業年金難以推行，覆蓋人數較低，詳見表 2。而作為第三支柱重要組成部分的商業養老保險，剛處於起步試點階段。2018 年 5 月才開始在上海、福建和蘇州部分工業園區試點推行，截至 2019 年 6 月底，參保人數僅為 4.45 萬 [31]。據統計，截止 2018 年，三大支柱的所佔養老資金比依次為 78%、18% 和 4% [32]。

表 2：中國 2006─2019 中國企業年金參保情況 [33]

	企業年金戶數（萬戶）	企業年金職工人數（萬人）	累計結存（億元）
2006	2.40	964	708
2007	3.20	929	1519
2008	3.30	1038	1911
2009	3.35	1179	2533

30　表 1 數據來源於《國家統計年鑒 2018》和《國家統計年鑒 2019》
31　《2019 年墨爾本美世全球養老金指數》
32　雷曉康，張宇飛 . 我國稅收遞延型養老保險的政策優化路徑研究 [J]. 西藏民族大學學報（哲學社會科學版），2019(03): 143-148
33　數據來自國家人力資源與社會保障局歷年統計公報

	企業年金戶數 （萬戶）	企業年金職工人數 （萬人）	累計結存 （億元）
2010	3.71	1335	2809
2011	4.49	1577	3570
2012	5.47	1847	4821
2013	6.61	2056	6035
2014	7.33	2293	7689
2015	7.55	2316	9526
2016	7.63	2325	11075
2017	8.04	2331	12880
2018	8.74	2388	14770
2019	9.6	2548	17985

　　與中國相比，不少國家的養老體系更為全面和完善，在 100%
覆蓋基本公共養老保險的基礎上，第二和第三支柱覆蓋率更高，
更能為社會成員的老年生活提供保障。比如，根據美國投資公
司協會（ICI）統計，美國的個人退休賬戶（Individual Retirement
Accounts，簡稱 IRA），即養老保險中的第三支柱，包括傳統 IRA
計劃與羅斯 IRA 計劃，其資產佔美國退休市場資產的比重一直很
高，2010 年為 27.78%，2015 高達 31.25%，2018 年 32.47%，
遠高於中國的 4%。除了基本公共社會保險之外，2018 年美國有
27% 的家庭同時有 IRA 和僱主贊助的企業年金計劃，另外還有 6%
的家庭只有 IRA 計劃。也就是說，2018 年，美國共有 33% 的家庭
參與了第三支柱的養老保險。[34]

　　英國作為現代福利國家的鼻祖，其國家福利模式（貝弗里奇模

---

34 ICI. *2019 investment company fact book: A Review of Trends and Activities in
the Investment Company Industry*

式）創建了從「搖籃到墳墓」全方位的社會保障體系。自上世紀80年代開啟養老金市場化改革之後，第二和第三支柱的養老保險快速發展，成為英國的主流養老保險體系。自2008年國家出台法案規定企業的法定養老義務以及在2013年開始強制推行自動加入企業年金計劃之後，英國的僱主和僱員參與比例大幅度提升。截至2015年3月，英國僱員人羣約為2000萬左右，有59.2%的僱員加入了企業年金計劃，累計超過520萬僱員加入了自動加入計劃[35]，覆蓋了英國僱員人羣的26%[36]。據統計，從2012年實行自動加入計劃以來，英國的職業年金計劃的參與率從2012年的55%上升到2014年的70%[37]，2016年達到73%。公共部門的參與率也很高，2012年為88%，2016年上升至92%。這些數據說明職業年金與購買具有稅收優惠的商業養老保險正成為英國養老儲蓄的主流。

再來看日本。日本是世界上最早進入老齡化社會的國家之一，也是當前面臨老齡化問題最為嚴重的國家之一，日本還是世界上具備完善養老社會保障法律體系的國家之一。其社會保險體系非常全面，不僅有三支柱養老保險體系，還有護理保險制度（介護體系）。作為第一支柱的國民年金覆蓋率100%，其企業年金覆蓋率達到50%[38]，而作為第三支柱的個人儲蓄年金，日本分別於2001年

35　英國的自動加入計劃指的是職員年滿22周歲且未達到年金領取年齡的僱員，其年收入在10000英鎊以上均滿足自動加入的條件，且享受僱主繳費。詳見：江時錕、江生忠. 英國商業養老保險稅收政策研究及其對我國的啓示 [J]. 理論與現代化，2016(02): 45-51

36　江時錕、江生忠. 英國商業養老保險稅收政策研究及其對我國的啓示 [J]. 理論與現代化，2016(02): 45-51

37　龍玉其. 英國職業年金制度的現狀、改革及其啓示 [J]. 北京行政學院學報，2018(06): 93-99

38　高寶霖、陳軍清. 年金結構互補與養老保險的多位一體 —— 日本經驗及其對中國的借鑒 [J]. 求索，2010(03): 5-8

和 2014 年出台個人型定額供款養老金計劃（iDeCo）和個人儲蓄賬戶計劃（NISA）。前者在 2011 年的參與率為約 48.% [39]，在 2018 年的參與人數為 43 萬人 [40]，到 2019 年 7 月，達到 1,311,045 人左右。後者自 2014 年建立以來，申請賬戶人數平均每年以 36% 的增速增長，到 2019 年 6 月底，總賬戶數達到 1309 萬戶。[41]

可見，對於大多數依靠國家、社會和個人來共同承擔養老責任的發達國家而言，發展多樣化的養老保險體系是其應對老齡化問題的重要舉措。而相對這些國家全面而又發達的養老保險體系相比，中國的養老保險體系呈現出以第一支柱為主體的單一化格局。這既與中國社會保險體系的不完善相關，也與中國人的家庭養老觀念相關。有學者用 2012 中日韓三國綜合社會調查數據，分析三國居民的養老責任與觀念發現，中國居民無論性別、年齡、教育水平及居住狀況如何，都更傾向家庭養老；而日韓居民則更傾向社會養老。其中，僅約 13% 的日本居民認同家庭養老，約 34% 的韓國居民認同家庭養老，但認同家庭養老的中國居民卻高達 87%。[42] 這意味着對於中國居民而言，企業年金和個人儲蓄計劃等商業養老保險體系短期之內不具有吸引力。

39　柳如眉、王玥. 中日養老保險制度的模式及水平比較分析 [J]. Northwest population, 2014(05): 73-79

40　日本厚生勞動省.《平成 30 年版厚生勞働白書》，P236.

41　宋鳳軒. 張澤華. 日本第三支柱養老金資產運營管理評價及借鑒 [J]. 社會保障研究，2019(06): 90-99

42　晏子. 傾向傳統還是走向現代：性別意識與養老責任態度 —— 基於中國、日本、韓國的比較研究 [J]. 公共行政評論，2018(06): 112-136

（二）養老保險體系的經費籌集及其給付模式的比較

本部分將從養老保險不同的繳費方式，參與方式，待遇計發方式等幾個方面來分析中國三大養老支柱體系的特徵。同時，以具有公共性質的第一支柱為案例，與世界上幾種主流的社會保險模式進行簡要的比較。與世界上主流的模式一樣，中國社會養老保險的三個支柱，區分不同的羣體，擔任不同的養老功能，分別具有不同的參與、責任分擔與收益分配方式。第一支柱的基礎養老金，作為具有公共性質的養老保險體系，其在參與方式上具有強制性。同時，在責任分擔上，要求個體、企業（集體）和國家（政府）各分擔一部分，在利益分配方式上，更注重公平性，強調社會統籌的功能。而第二和第三支柱，作為補充性的養老保險體系，面對的羣體及參與方式又有所不同，詳見表 3。

表 3：中國養老金體系構成框架及各自特徵[43]

層次	類別	參與對象	參與方式	繳費方式	制度形式	待遇計發
第一支柱（公共養老金）	城鎮企業職工基本養老保險	城鎮企業職工	強制	單位繳費（12%）+個人（8%）	社會統籌+個人賬戶	基礎養老金(DB)+個人賬戶養老金(DC)
	機關事業單位基本養老保險	機關事業單位工作人員	強制	單位繳費（12%）+個人（8%）	社會統籌+個人賬戶	基礎養老金+個人賬戶養老金
	城鄉居民基本養老保險	城鄉居民	政策激勵	個人繳費+集體補助+政府補貼[44]	社會統籌+個人賬戶	基礎養老金+個人賬戶養老金

43　表由作者自己製作

44　個人繳費採取自願原則，從 100-200 元 12 個檔中選擇一個繳費；地方政府的補貼標準為每人每年不低於 30 元，而中央政府提供的基礎養老金於 2018 年提高到 88 元。

層次	類別	參與對象	參與方式	繳費方式	制度形式	待遇計發
第二支柱（職業養老金）	企業現金	城鎮企業職工	自主	單位繳費(8%)+個人繳費(4%)	個人賬戶	個人賬戶養老金
	職業年金	機關事業單位職工	自動	單位繳費（8%）+個人繳費(4%)	個人賬戶	個人賬戶養老金
第三支柱（個人養老金）	個稅延遞型商業養老保險	經濟活動人口	自願	個人繳費＋稅收優惠（25%免稅+10%徵稅[45]）	個人賬戶	個人賬戶養老金

　　世界上養老保險的籌資與給付模式主要分為確定繳費的 DC（Defined Contribution）和確定給付的 DB（Defined Benefit）兩種類型。作為第一支柱的公共養老金制度，探討其籌資與給予類型，本質上其實探討的是國家如何解決公共養老金制度中的公平與效率問題，不同國家在效率與公平的兩端可能偏向不同。同時，也能反映不同國家的養老成本分配與責任分擔問題。

　　中國在養老基金的籌措與分配方式上屬於 DC 和 DB 混合的類型。首先，在資金的籌措上，國家[46]、社會組織（企業）和個人分別承擔不同的責任。國家的財政補貼主要用在城鄉居民的基本養老保險金，每人 88 元以及地方政府不少於 30 元的補貼。而城鎮職工和機關事業單位的養老保險則由僱主和僱員共同承擔，分別為繳費基數[47]的 12% 和 8%。另外，公務員和部分事業單位中的僱主繳納部

45　個人達到規定條件時領取的商業養老金收入，政府規定的免稅額度為全部養老金的 25%，剩餘部分則按照 10% 的比例予以繳納個人所得稅。

46　在本文中，國家包含了中央政府和地方政府

47　繳費基數不定，一般由地方人力資源與社會保障局設定每年的最低和最高基數，企業可在其中選擇一個數值為繳費基數。一般選擇僱員上一年度月均稅前工資。

分，由國家財政或地方財政負擔。在養老金的收益分配上，中國採用社會統籌加個人賬戶的方式，將僱主繳納的部分劃入社會統籌賬戶，作為基礎養老金進行再分配，以減少養老金的收入差距，增強其平等性，個人繳納部分將劃入個人賬戶，確保個人的收益。按照這樣的養老保險制度，中國不同羣體退休之後的養老保險金額差距較大。按中國人民大學中國調查與數據中心於 2014 年在全國 28 個省（市、自治區）實施的《中國老年社會追蹤調查》的相關數據顯示，不同羣體的養老金差距體現為機關事業單位離退休金（3,174.69 元）＞城鎮職工基本養老金（2,400.22 元）＞城鎮居民社會養老保險（1,387.20 元）＞農村社會養老保險（141.21 元），最高羣體和最高羣體間差距達到 22 倍。[48]

英國的國家養老保險體系幾經改革最終於 2013 年確立了單一化的國家養老保險體系，將原來的國家基本養老金和為低收入人羣設立的第二養老金合併為國家單一養老金。[49] 養老基金來源於國民繳納的國民保險稅，將國民收入劃分檔次進行徵收。一般僱員繳納 12%，僱主為其另繳 13.8%。比如，2018 和 2019 年，月收入在 702 至 3,863 英鎊之間，國民保險稅率為 12%，3,863 英鎊之上部分，稅率為 2%。這套新的養老保險政策致力於社會財富的再分配，確保基本養老金的平等收入。因此，個體之間只要繳費年限相同，無論繳稅的多少，都可以領取同等額度的養老金。如果個人的繳稅記錄達到 35 年，將有資格領取每年（2018/19 年度）8,546 英鎊

48　劉仁春，陳秋靜. 政策變遷中的路徑依賴：我國養老公平問題審視 [J]. 中州學刊，2016(11): 56-61

49　孫玉琦、侯明. 英德兩國養老保險制度變遷分析與啓示 [J]. 借鑒與思考，2015(12): 52-58

的全額養老金，大致相當於 31% 的收入替代率（年均收入 26,728 英鎊；2018 年 1 月數據），2016-2017 年度全額的國家基本養老金為每週 119.3 英鎊。[50] 一個月約為 480 英鎊，相當於人民幣 4,000 多人民幣。但是，繳稅年限低於 10 年的人則無權領取國家養老金。可見，英國作為第一支柱的國家養老金是以國民保險稅為資金來源，由國家統籌再分配的收益確定型（DB）養老保險制度，更注重國民間的平等性。

美國是奉行新自由主義的國家，其社會養老保障也充滿新自由主義色彩。20 世紀 60 年代以前，美國養老保險一直採用現收現付的籌資和財務管理模式。到上個世紀末，將「無責任即無權利」作為養老保險改革的基本原則。養老保險的責任承擔也從混合型轉為個人責任型，待遇給予方面也從待遇確定模式轉化為繳費確定模式，享受養老保險的數額完全取決於人們的繳費和養老基金的投資收益，體現出美國以效率為本的養老保險制度特徵。[51] 而老人、遺屬和殘障保險計劃（即 Old Age, Survivors, and Disability Insurance，簡稱 OASDI），因全民強制參與，成為美國最具公共性的公共養老金。資金主要來源於僱主和僱員各自繳納 6.2%，總共 12.4% 的工薪稅 [52]。當然，每年會設有最高的收稅標準，比如 2012 年最高標準為 11 萬美元，超過部分無需繳納。僱員和僱主繳納的工薪稅屬於國家稅收，由美國國內稅收局徵收並全部劃入社保基金統一管理和發放，統籌層次較高。這部分保險屬於現收現付，收益

50　龍玉其. 英國職業年金制度的現狀、改革及其啟示 [J]. 北京行政學院學報，2018(06): 93-99

51　張鑫. 論美國養老保障制度改革的核心理念 —— 兼論對我國的啟示 [J]. 技術經濟與管理究，2015(10): 100-103

52　日本厚生勞動省.《平成 30 年版厚生勞働白書》，P236.

確定的 DB 模式，由政府統籌，確保其公平性[53]。

日本的養老保險體系和中國比較相似，都具有按羣體劃分的性質。國民年金作為公共養老保險，只要滿 20 歲以上的在日本擁有居住權的所有居民（包括外國人）均強制性納入該制度。具體而言，其保障對象分為三部分。包括第一號保險人：20 歲以上到 60 歲以下的個體戶、農民、無業者；第二號保險人，即民間僱員和公務員；第三號保險人為民間工薪階層和公務員的配偶。不同的保險人，其保險的繳費方式也各不相同。第一號保險人其保險費定額為每月 16,340 日元（2017 年），第二號保險人的保費率為 18.3%，由僱主和僱員平均分擔。第三號保險人自己無需負擔保險成本，其養老金由其配偶加入的養老金制度負擔。同時，國家財政會支付個體一半的養老保險成本，相當於個人交一半，國家交一半。在養老金的給付方式上，日本採取現收現付的收益確定制度。按照這樣的給付方式，如果繳納滿 40 年的個體戶，2018 年其退休時每月可領到 64,941 日元（4,000 多人民幣）的養老金；而 2 號保險人一對夫妻可領取 221,277 日元，相當於 14,000 多人民幣。[54]

瑞典早在 1913 年就在全國範圍內建立了一體化的覆蓋全民的公共養老金制度。上世紀瑞典高福利的養老保障體系具有「全民養老」的特徵，而 80 年代受經濟形勢和人口老齡化影響，政府財政難以承擔高福利的養老體系，於是其養老保險體系逐漸從 DB 型轉向 DC 型，個人和企業的養老負擔變重。國家養老金的角色轉而成

---

53 馬凱旋、侯風雲. 美國養老保險制度演進及其啟示 [J]. 山東大學學報（哲學社會科學版），2014(03): 88-95

54 日本厚生勞動省.《平成 30 年版厚生勞働白書》，P236.

為僅具救濟功能的保障養老金制度。[55] 保證養老金無需個人繳費，由政府稅收負擔，不設立個人賬戶。凡是在瑞典居住滿 3 年的 65 歲以上沒有養老金或者養老金較低的老人均可領取。具體的領取數額按照當年的價格基數來算。其中已婚人士每月領取的標準是價格基數的 1.9 倍，未婚人士為 2.13 倍。以 2018 年價格基數為例，已婚人士領取額度為每月 7,205 克朗（約合人民幣 5,406 元），未婚人士每月 8,077 克朗（約合人民幣 6,061 元人民幣），保障養老金可以和第一支柱公共養老金並行領取，二者合計每月領取總額不得超過 2.72 倍價格基數（未婚人士 3.07 倍）。[56] 而作為第一支柱的公共養老金成本，則由僱主（月薪 10.21%）和僱員 7% 來承擔。[57] 僱主和僱員繳納的養老金分別進入四個緩衝基金和基金制養老金進行投資管理，待退休之後再領取。這些基金近年來的收益率都很不錯，四個緩衝基金年化收益率在 3%-4%，基本可以達到收大於支。[58] 可見，與其他國家相比，瑞典設立了專門的國家保證養老金來保障低收入老年羣體的養老經濟來源。

智利是拉美國家中最早建立養老保險制度的國家之一，其養老保險制度在上個世紀 80 年代的市場化與私有化改革是國際養老保障領域的模板。從原有的現收現付的社會統籌模式轉向完全積累制，繳費完全由僱員承擔，將其稅前收入的 10% 存入為其建立

---

55 楊東. 美國、日本和瑞典的公共養老金一體化改革比較研究 —— 基於不同福利因素綜合作用的分析 [J]. 中國行政管理，2017(07): 148-152

56 中國基金業協會：瑞典養老金的制度沿革、稅收安排與經驗借鑒（二）

57 瑞典貿易投資委員會.《瑞典社會保障金和養老金》

58 李慧. 孫東升. 歐洲 4 國養老制度改革對中國推進新農保建設的啓示 [J]. 世界農業，2016(08): 16-20

的個人賬戶 [59]，另外繳納 2%-3% 作為傷殘及遺屬保險費用和養老基金管理公司的佣金。在參與方式上個體戶等自僱者自願參與，直到 2014 年這一羣體必須參加。僱員可在市場上的多家養老基金管理公司中自由選擇運營管理其賬戶中的養老金，待到退休時其賬戶中積累的資金便轉化為年金，可一次性領取，也可分期領取。[60] 為了解決這種完全建立在個人繳費基礎上的養老金難以覆蓋貧困和低收入老年人的問題，智利配套了社會救助養老金和團結養老金。前者的救助對象是 65 歲以上，收入低於最低養老金 50% 且沒有任何其他養老金收入的老年人。2010 年前提供的標準為每月大約 140 美元 [61]。後者在 2008 年推行，其對象為參保的低收入老年人。待遇標準在 2010 年之前為每人每月 6 萬比索（約合 121 美元），2010 年之後提高到每人每月 7.5 萬比索（約合 151 美元）[62]。當然，這部分費用主要由國家稅收負擔。智利的養老金收益主要受投資收益和繳費基數的影響，老年羣體的收入具有較大的差距。但總體來說，智利養老金的替代率也並不高。根據 2007-2014 年私人養老基金管理公司相關數據，以過去十年平均工資為基數，個人賬戶的養老金替代率為 34%，加團結養老金合計替代率為 45% [63]。

---

59 林俊嵐，黃愛芳. 智利養老保險私有化對我國養老金制度改革的啓示 [J]. 湖北經濟學院學報（人文社會科學版），2007(03): 104-105

60 孫永勇、李洋. 智利和秘魯的養老保險制度改革比較 [J]. 拉丁美洲研究，2016(03): 52-69

61 孫守紀. 論社會保障制度改革的政策組合 —— 約旦、瑞典和智利社保改革的典型性分析 [J]. 中國政法大學學報，2010(05): 137-161

62 孫永勇、李洋. 智利和秘魯的養老保險制度改革比較 [J]. 拉丁美洲研究，2016(03): 52-69

63 [智利] 大衛·布拉沃. 智利多層次養老金的改革進程與最新動向 [J]. 社會保障評論，2018(03): 30-37

新加坡是另一個採取完全積累的個人賬戶制度的國家。新加坡沒有獨立的養老保險金制度，而是依託於其社會保障制度核心的中央公積金制度。其核心內容在於政府通過立法強制個人儲蓄，政府不參保，公民養老保障的成本由僱員和僱主共同承擔。在新加坡，中央公積金的繳費比例因年齡而不同。以 2011-2014 年的數據為例，50 歲以下的人總共繳納 36%，其中僱主 20%，僱員 16%。而 50-55 歲的人總共需繳納 32.5%，由僱主 18.5%，僱員繳納 14.0%。65 歲以上的老年人繳費比例降至 11.5%，僱主和僱員分別繳納 5% 和 6.5%。[64] 可是設置了繳費基數的上限為 5,000 新元，超過 5000 的部分無需算入繳費基數。值得注意的是，新加坡的中央公積金並不僅僅用於養老，所以實際用於養老的比例要低於總的繳費比例。在社會統籌方面，新加坡於 2009 年制定終身入息制度。將個人 55 歲時在其個人賬戶中積累的用於退休的資金進行再次分配。將私人賬戶中的一定比例的資金劃入到公共賬戶中，公共賬戶的資金本金依然歸私人所有，但是公共賬戶中的資金產生的利息歸所有參保者共同所有，同時政府對於參加「終身入息制度」的參保者個人賬戶積累補貼 1% 的利息率，補貼的利息可以同時增加私人賬戶和公共賬戶的積累。參保者個人退休後首先從私人賬戶和公共賬戶中的本金部分中領取養老金，當私人賬戶和公共賬戶的本金部分全部領取完後，可以從公共積累中繼續領取養老金，直到參保者個人去世為止。[65] 新加坡的這一配套制度主要用於應對老年人羣體壽命延長帶來的養老金不足的社會問題。

---

64 徐靜萌 . 新加坡《中央公積金法》構建的養老保險制度研究 [D]. 華南理工大學碩士學位論文，2014 年，p22.

65 楊俊 . 個人賬戶養老保險制度管理的「賬戶化」研究 —— 以新加坡、智利和瑞典為借鑒 [J]. 社會保障評論，2018(03): 38-50

南非作為非洲重要的發展中國家，也是在非洲國家中老年人口最多的國家，估計 2015 年老年人口比例為 9.5% [66]。與大多數非洲國家一樣，南非的國情是農業人口多，貧困人口佔比高，絕大多數人口缺乏穩定的月收入。此外，由於受歷史上種族歧視制度的影響，南非的黑人羣體不僅與教育、養老金等各種社會政策絕緣，而且歷史上實行的土地法案，直接導致了五分之一人口的無產階級化。[67] 據統計，非洲 60% 以上的就業機會在農業領域 [68]。因此，在很多國家難以推行以月穩定投入為基礎的養老保險制度。即使有的國家，其公共養老金制度也只覆蓋正規部門的工作人員。比如在 2011 年左右，肯尼亞的養老金覆蓋率大約為 15%，坦桑尼亞為 6.5%，盧旺達為 7.5%，烏干達僅為 1.7% [69]。其實從 2000 年開始，非洲國家已經認識到社會保護的重要性，社會保護政策被認為是社會和經濟政策框架內的一個必要組成部分，實現公平發展和社會公正不可或缺的組成部分，通過現金轉移支付建立社會補助金政策，成為眾多非洲國家的減貧和社會發展的優先事項。[70] 據統計，僅在 2000 年至 2009 年期間，現金轉移方案的數量就增加了 10 倍，從 9

66　Antoinette Lombard & Elma Kruger, Older Persons: the Case of South Africa, Ageing Int (2009) 34: 119-135

67　Ben Scully, The Social Question in South Africa: From Settler Colonialism to Neoliberal-Era Democracy, in Jan Breman, Kevan Harris, Ching Kwan Lee and Marcel van der Linden (editors) The Social Question in the Twenty-First Century, University of California Press.

68　Human development in Africa

69　James Mutero, Mobilising Pension Assets for Housing Finance Needs in Africa–Experiences and Prospects in East Africa, HOUSING FINANCE INTERNATIONAL Summer 2011, PP16-22

70　Charlotte Harland, Can the Expansion of Social Protection bring about Social Transformation in African Countries? The Case of Zambia, European Journal of Development Research (2014) 26, 370-386. doi:10.1057/ejdr.2014.8

制度體系	保障對象	覆蓋率[71]	領取年齡及條件	保險率	財政方式	公共支出佔比[72]	養老金指數[73]	強制性養老金替代率／總替代率[74]
中國	居民基本養老保險；城鎮職工養老保險	城鄉居民	100%	城鄉居民養老保險均為60歲；職工男60歲、女55歲，繳費年限不低於15年	20% 僱主12% 僱員8%	稅收和政府與集體補貼	3.8%	48.7	90.6%/0
英國	國家單一養老金	繳費對象及低收入群體	100%	男65歲、女60歲，繳費年限不低於35年	25.8% 僱主：13.8 僱員12%	稅收	6.7%	64.4	43.5%/72.6%

71 數據來自 ILO (International Labour Organization). *World social protection report data 2017-2019*，其中公共支出佔比主要指的是扣除去健康醫療之外的老年福利公共支出

72 數據來自 ILO (International Labour Organization). *World social protection report data 2017-2019*，其中公共支出佔比主要指的是扣除去健康醫療之外的老年福利公共支出

73 數據來自《2019年墨爾本美世全球養老指數》，養老金指數包括養老金的充足性、可持續性和完整性三個指標

74 數據來自 OECD. *Pensions at a Glance 2019 OECD AND G20 INDICATORS* P147-151.

制度體系	保障對象	覆蓋率 [71]	領取年齡及條件	保險率	財政方式	公共支出佔比 [72]	養老金指數 [73]	強制性養老金替代率/總替代率 [74]
美國 老人、遺屬和殘障保險計劃	僱員及個體經營者	100%	66歲 最少繳費10年	12.4% 各半	稅收	7%	60.6	50.1%/31%
日本 國民年金保險 厚生年金保險	所有日本居民	100%	男65歲，女64歲 繳費年限不低於10年，允許彈性提休	厚生年金保險18.3%（各半），自我僱傭者國民年金需個人定額繳納	稅收+國庫補助國民年金一半	12.2%	48.3	42.5%/63.2%
瑞典 公共養老金 國家保證養老金	僱員和自營業者 無收入老人	100%	65歲，公共養老金最低繳費年限30年；國家保證養老金只要在瑞典即居住滿3年即可按40年的比例領取	17.21%（僱主10.21，僱員7%）+改府財政	稅收+政府財政補貼	9.8%	72.3	54.1%/0

制度/體系	保障對象	覆蓋率[71]	領取年齡及條件	保險率	財政方式	公共支出佔比[72]	養老金指數[73]	強制性替代率/總替代率[74]
智利 公共養老金 社會救助養老金 團結養老金	僱員、自營業者和低收入老年羣體	75%	男65歲，女60歲 社會救助養老金和團結養老金給收入和養老金低於一定水平的老年羣體	10% 僱員自行承擔，僱主不繳費	稅收+財政補貼	2.8%（2017）	68.7	36.2%/0
新加坡 中央公積金制度	僱員	100%	65歲	不確定	稅收	0.8%	70.8	/
印度 全國養老金計劃 社會援助計劃	公務員和貧困老年羣體	25%	58歲 收入限制	不確定	稅收+財政補貼	4.4%	45.8	83.4%/0
南非 老年補助金	老年貧困羣體	92%	60歲 家計調查	財政支付	財政支付	3.4%	52.6	34.5%/49.1

圖1：強制性參與與公共養老金制度的國際比較

個國家的 25 個項目增加到 41 個國家的 245 個 [75]。

　　基礎上的社會補助政策，其目標對象包括老年人，兒童和殘疾人等弱勢群體。因此，南非的具有公共性質的養老保障政策也並未採取國際上發達國家通用的社會保險制度，而是建立了非繳費型的屬於社會救助範疇的老年補助金制度。2009 年，每月領取的補助標準為 1,010 蘭特（126 美元），2010 年上漲為每月不超過 1,080 蘭特。當然，作為一種利用公共稅收籌資，個人無需繳費的養老保障制度，建立在嚴格的家計調查之上。[76] 對於那些有固定收入的正式僱員，可在市場上購買私人養金產品。

　　印度作為世界上第二大人口大國，其建立全覆蓋型的養老保險體系的時間較晚。2004 年印度改革了原來針對行業人口的分裂的養老保險計劃，建立了全國養老金計劃（The National Pension Scheme，簡稱 NPS）。其中 NPS 以公務人員群體為政策目標，採取繳費型制度。2010 年，覆蓋到針對非公務員群體和貧困群體的 NPS-Lite 子計劃和 NPS–Swavalamban 兩個子計劃。對於前者，採取自願繳費原則，而後者政府給予補貼。對於很多貧困群體，印度出台國家社會援助計劃。具體的援助金額為，60-79 歲老人每月養老金為 200 盧比，80 歲及以上老人每月為 500 盧比。而對於那些殘疾和鰥寡的老人，每月還有 200 盧比的津貼。印度的養老保障體

75　Michael Samson, Director of Research, Economic Policy Research Institute, Cape Town, South Africa, How are countries using social protection to benefit the poor? in Development Co-operation Report 2013

76　比如 2010 年的領取標準為個人收入不超過 31296 蘭特（夫妻年收入不超過 62592 蘭特），資產總價值不超過 518400 蘭特（夫妻資產價值不超過 1036800 蘭特），申請時居住於南非境內的年滿 60 周歲的南非公民或永久居民，方可申請領取。

系制度建設已經比較完善，只是覆蓋率有待進一步提高。比如有研究表明，2008 年保障法規定要覆蓋 6000 萬非正規就業職工，而印度實際的非正規就業者至少有 4.2 億[77]。幾個國家具有強制性的公共養老金制特徵可見上述圖 1。

（三）公共養老儲備基金的運營、管理及國際比較

公共養老儲備基金一般包括社會保障儲備基金和主權養老儲備基金兩種形式，在養老保險體系中承擔着補充第一支柱的重要功能，通過將養老基金市場化投資運作，來確保養老金的保值、增值與收益。在資金來源上，前者屬於繳費結餘積攢而成，比如日本的政府養老投資。後者由政府劃撥注資而成，比如具有代表性的有澳大利亞未來基金，法國退休儲備基金。一般情況下，各國在進入老齡化社會之後設立主權養老儲備基金作為保障養老金給付的基金蓄水池。中國的主權養老儲備基金分別為社會保障儲備基金（SSF）和基本養老保險基金（BPF）。前者於 2000 年成立，由中央委託全國社會保障基金理事會（簡稱 SSF 理事會）負責投資運營。後者指 2015 年首次允許市場化運營的基本養老保險基金，由各省政府委託 SSF 理事會負責投資運營管理。

根據 OECD 不完全統計，中國 2015 年末的公共養老儲蓄基金為 2,510 億美元，排世界第五。美國公共養老基金為美國的社保信託基金金額，為 28,376 億美元，排世界第一；但是其中包含了遺

77 何輝、蘆艷子. 創新與治理：印度社會養老金制度的改革與前瞻 [J]. 湘潭大學學報（哲學社會科學版），2020(02): 33-41

屬，傷殘等多個方面，所以國際上認為美國用於養老的儲備基金低於日本。日本的政府養老金投資基金數額為 11,034 億美元，雖然總額低於美國的社保信託基金，但被國際社會認為是世界上最大的公共養老儲備基金。瑞典以 151 的金額排名第七，印度的僱員公積金基金以 1,230 億美元排名世界第八，智利 78 億排名第二十一。[78] 詳見下表。

表 4：2015 年世界主要公共養老金儲備基金規模（十億美元）[79]

序號	國家	公共養老儲備金或機構	2015年	序號	國家	公共養老儲備金或機構	2015年
1	美國	Social Security Trust Fund	2837.6	12	芬蘭	Keva and Valtion Eläkerahasto	70.7
2	日本	Government Pension Investment Fund	1103.4	13	法國	AGIRC - ARRCO	70.1
3	挪威	Government Pension Fund	899.7	14	阿根廷	Sustainability Guarantee Fund	58.9
4	韓國	National Pension Service	418.8	15	西班牙	Social Security Reserve Fund	48.4
5	中國	National Social Security Fund	251.0	16	加拿大	Quebec Pension Plan	45.0
6	加拿大	Canada Pension Plan Investment Board	216.9	17	挪威	Government Pension Fund	26.7
7	瑞典	National Pension Funds	151.0	18	比利時	Zilverfond	23.9
8	印度	Employee Provident Fun	123.0	19	新西蘭	New Zealand Superannuation Fund	20.2
9	澳大利亞	Future Fund	90.0	20	葡萄牙	Social Security Financial Stabilisation Fund	15.2
10	加拿大	PSP Investments	88.3	21	智利	Pension Reserve Fund	7.8
11	俄羅斯	National Wealth Fund	75.7	22	波蘭	Demographic Reserve Fund	5.0

再以基金市場的佔比來看，2017 年全球性諮詢、保險經紀和解決方案公司韋萊韜悅發佈的 2016 年全球 300 強養老基金調查結果顯示，在 300 強中，美國的基金數量最多有 134 款，其次是英

78　數據來源 OECD
79　數據來源 OECD

國（26 款）、加拿大（18 款）、日本和澳大利亞（各 16 款）。從各國所佔基金份額比例來看，美國的 134 款以 38.6% 的份額仍佔榜首，日本佔總資產的 12.5% 排在第二，而英國佔總資產的份額比為 4.8%，排名第六[80]。公共養老基金的總額與基金數量在一定程度上反應了各國的養老基金儲備總量，同時也反應了各國養老基金的市場運營情況。

在養老金的投資運營方面，按照國際慣例，公共養老基金的資產配置主要集中於固定收益、股票類與其他類資產上，並且基本維持 6:3:1 的配置比例。根據全國社會保障基金理事會社保基金年度報告，中國的 SSF 的資產配置主要以銀行存款，債券和股權投資為主。2001-2007 年，銀行存款和債券所佔比例多年高達 50% 以上。2008 年以後，銀行存款逐漸降低至 10% 以下，2017 年低至 0.6%。同時，交易類金融產品和持有到期投資成為主要的基金配置領域。2008-2017 年，SSF 中交易類金融資產投資比例由 23.7% 提高至 39.3%。與國際上典型的主權養老基金的運營投資相比，中國的投資比較保守，投資收益率也偏低。2018 年各國基金配置情況如表 5。

80　韋萊韜悅．亞太養老金資產增長領跑全球

表 5：典型主權養老基金的投資績效、資產配置與投資區域單位 %

基金名稱	成立年份	最近 10 年平均收益率	資產配置			投資區域	
			權益	固收	其他	境內	境外
日本 GPIF	2000	3.36	50.9	42.5	6.6	59	41
挪威 GPFG	1990	8.1	67.6	29.7	2.7	0	100
澳大利亞 FF	2006	8.5	46	24	30	28	72
智利 PRF	2006	3.89	15.6	84.4	-	0	100
瑞典 APF7	2010	10-15	42	35（2015）	23	-	-
中國 SSF	2000	6.6	40	36	-	92.2	7.8
中國 BPF	2015	2.56（2018）	30	54	-	100	0

註：表中數據除特別標明年份之外，數據截止日期均為 2018 年數據。

可見與國際典型國家的基金配置相比，中國的基金配置比較保守。這主要源於制度上的原因，中國的《全國社會保障基金投資管理暫行辦法》規定 SSF 的股票投資比例不能超過 40%。《基本養老保險基金投資管理辦法》規定 BPF 的股票投資比例不能超過 30%。其次，限制境外投資的比例，《全國社會保障基金投資管理暫行辦法》規定 SSF 境外投資比例不能超過資產總額的 20%。實際上，從 2006 年放開境外投資到 2017 年底，SSF 實際境外比例只有 7.5%。而對於 BPF 的投資與配置規定，不得開展境外投資。對於股票市場與境外市場的限定，主要出於考慮市場穩定與外匯儲備問題。

另外，在養老基金資產的市場化配置過程中，如何處理基金管理費用過高消耗養老金收益以及投資的收益率這兩個問題，也是基金增值的關鍵環節。中國養老金的給付模式採用的是社會統籌加個人賬戶積累的方式，基金的管理與運作仍然採用傳統的集中管理模

式，資產化運作程度較低，現在這方面的問題尚未突出。可國際社會上，幾個市場化運作的國家均面臨這樣的問題並不斷完善解決方案。智利在實行完全個人積累制養老保險改革之後的一段時間，分散投資管理的模式導致佣金過高擠兌基金收益的問題，據統計2004 年底賬戶管理費用累計佔養老金資產的比重大約為 23.82%，這意味着超過 1/5 的養老基金資產會被管理佣金消耗掉。[81] 為了解決這一問題，智利的養老金管理體制便引入招標競爭機制，允許市場上多家養老基金管理公司以競價的方式參與競爭，防止壟斷，減少管理成本。另外，規定新參保者自動分配至管理費最低的養老金管理公司，兩年後才可轉換其他公司。經過不斷調整，儘管依然存在競爭不充分和管理成本較高的現象，但也取得不錯的成效。2013 年最大的三家養老金管理公司參保人員集中度比 2001 年降低了 19.8%，管理資產規模下降了 2.9%，管理費用也出現逐步降低趨勢。[82] 智利養老金穩定地保值和增值，長期以來的年化收益都在10% 以上，這也是「智利模式」成功的另一方面表現[83]。

瑞典從傳統的現收現付模式轉向收入關聯型模式時，其基金的投資運作與具有基金儲備性質的國民養老基金相互配套，不採用完全市場化的競爭方式，而是指定將個人名義賬戶中的 16% 的養老金繳費一分為四放入四個國民基金當中，由國家養老金管理局負責管理和投資。相應的，每個基金要負責支付每年四分之一的養老金

81 孫守紀. 論社會保障制度改革的政策組合 —— 約旦、瑞典和智利社保改革的典型性分析 [J]. 中國政法大學學報，2010(05): 137-161
82 張占力. 社會保障基本原則與智利養老金改革 [J]. 中國社會保障，2016(09): 37-39
83 任建通，馮景. 智利養老保險制度改革以及對我國的啓示 [J]. 經濟研究導刊，2009(14): 190-191

支出。其餘的委託給專業的投資機構進行改革。瑞典的社保改革從繳費到管理再到資產運營配置，不同部分之間的銜接性非常契合，自成體系的制度運作是福利型社會養老保險基金運作的典範。[84] 既解決了市場化的混亂問題，也強化了基金的儲備性質。英國自從2013 年開始實施自動加入職業年金計劃之後，為了解決參保人員激增可能帶來的壟斷和管理費用的增加問題，英國政府配套成立一個國家職業儲蓄信託計劃作為非盈利性的平台，每年徵收的管理費率僅為 0.3%，低於商業性保險管理公司的 0.8%-1.5% 的管理費率。而且，只對個人賬戶收取賬戶管理費，對開設企業年金的僱主不徵收管理費。據統計，如果以 1.5% 計算，40 年的私人養老金供款之後僅管理費就將佔基金總市值的 30% 以上。[85] 英國政府政策配套的協同性設置，很大程度上減少了管理費用對基金收益的消耗。中國養老基金的市場化管理與運作尚處於初步階段，未來如何進一步完善，這些國家經驗值得借鑒。

---

84 鄭則鵬，鄧慧博. 美國、瑞典、智利典型養老信託淺釋與借鑒意義 [J]. 湖北社會科學，2011(12): 31-63
85 江時鯤、江生忠. 英國商業養老保險稅收政策研究及其對我國的啓示 [J]. 理論與現代化，2016(02): 45-51

四、中國社會政策的獨特性、
　　不足與潛在風險

（一）中國社會政策中的國家與社會關係

　　將社會政策作為切入點審視國家與社會之間的關係，本質上想要探討的是國家如何通過政策工具來干預社會個體的生命歷程。一般情況下，國家對個體生命歷程的干預目標在於保護社會。只是在實現這一目標的歷史進程中，不同國家政策理念的出發點與具體的實現路徑受不同的人口結構、經濟發展水平等客觀因素的限制而略有不同。養老作為一項重要的社會保護政策，在世界大多數國家均經歷了從家庭養老到國家介入建立現代型養老保障體系的過程，中國的養老政策也經歷了相似的變遷過程。只是在具體的發展歷程中，中國的社會政策長期附屬於國家政治與經濟體制的變革而具有弱社會性的特徵。從共時的視角看，與福利國家相比，國家在保護社會中的投入較低，而與完全自由化的國家相比，中國的這種社會統籌加個人賬戶的設置理念具有一定的政府統籌功效來確保社會政策的公平性，屬於效率與公平兼顧的混合型國家。當然，如果將中國的社會政策形態納入到廣大欠發達國家的社會政策形態中進行比較，就會發現即使中國的社會政策形態依然存在很多問題，但其制度化的框架基本成型，國家與公民之間的關係已經進入積極合作的

時期。

中國的國家與社會之間的關係並不是互相對立與分離的狀態，而是一種自上而下由國家主導的權力譜系格局。當然，這樣的狀態不只是單向的關係結構，而是國家和社會之間可以互動的雙向的關係格局。總體上，這種關係互動更強調的是互相之間的協調與包容，而非互相之間的對立與分離。在前現代的傳統中國，雖然國家並不負責民眾的具體的養老責任，而是通過一些制度與社會激勵的方式，強化和引導家庭和社會的養老責任。可是，對於民眾而言，這並不意味着國家責任的缺失。有學者研究指出，周朝之後的中國並未形成以契約為基礎的社會、政治與經濟秩序，相反中國在後宗法時代形成以恩德文化為一切關係的基礎的社會、政治秩序。在這樣的倫理關係下，父母與子女之間的關係成為一種施恩與報恩的關係，國家與社會個體之間的關係也成為一種「要求君主要施恩於民，也要求民眾要感君主之恩、報效君主」的具有濃厚擬親屬情感性質的恩德政治。[86] 從這個層面出發，便可以理解傳統中國的養老形成以家庭倫理為本的接力模式，而西歐國家卻形成以個體為本的契約模式。中國民眾的這種理念，在進入新中國之後沒有發生根本性的改變，民間社會大多尚未生成基於公民權的個人與國家關係的理念。因此，即使在基於人民當家作主的民族國家語境下，民眾這種「感激君主之恩，報效君主」的理念可以比較順利的轉化為為國家的現代化目標而犧牲的集體主義精神。因此，在社會主義的實驗階段，家庭與社會集體為了國家的現代化目標，依然承擔了養老的

---

86 楊春時 . 恩德文化：禮物文化在後宗法社會的變異 [J]. 南國學術，2020(03): 494-507

責任。同樣的，農民與工人也沒有因為自己與城市居民不同的福利制度而引發大規模的不滿。該時期國家對社會的影響是從上到下，從生產方式到生活方式縱深式地全面改造。國家的權力直接干預到個體的生活全部，而作為社會組織的公社與單位為國家承載了福利提供與社會治理的職能。如果從自上而下的視角來看，該時段的國家對社會的滲透是最強的階段，但從自下而上的角度看，作為實體的各種公社與單位等社會組織的力量也在不斷壯大，而二者的力量在實現國家現代化這一共同目標下得到統一、協調與融通。

改革開放以後，集體與單位不再承擔福利供給的社會職能，而國家又無經濟能力承擔福利供給的責任。在這樣的現實情況下，養老的責任又回到家庭自身，社會福利從集體承擔又回到由社會自身來承擔。進入新世紀以後，中國的老齡化壓力進一步增大，原有的依靠家庭的自然養老模式難以應對未來的老齡化問題。依靠制度來解決社會個體年老之後的問題成為必然的選擇。可見，該階段國家對個體生活的干預與改革開放初期相比進一步深化，進入積極干預的狀態。同時，國家經濟的進一步發展，有經濟基礎為民眾的福利投入，養老責任分擔中國家的角色逐漸突顯。從社會政策發展的歷時角度審視中國的國家與社會關係，發現社會福利提供主體的角色在個體（家庭）、社會組織與國家三個主體間不斷伸縮游動而未引起大規模的反對與抗議，其關鍵在於中國傳統恩德政治思想對民眾與統治者影響的延續。恩德政治中的情感因素佔主導地位，這是中國的國家—社會關係有別於西方社會那種基於契約的國家—社會關係最獨特的地方。這是維護中國社會治理最為寶貴的社會基礎，國家可用制度的力量維繫好它，而不是毀壞這一寶貴的基礎。

（二）中國養老保險制度存在的不足

可是，通過與國際社會的經驗比較會發現，中國目前的養老保險體系依然有很多的不足。首先，以第一支柱為主體的養老保險體系難以支撐未來的養老壓力。2018 年，國家統計局的數據顯示，中國 65 歲以上的老人數量為 16,658 萬人，佔總人口的比例為 11.9%，整個社會的老年撫養比為 16.8%，而中國早在 2014 年已成為世界上老年人口最多的國家，60 歲及以上的老年人口規模大約 2.2 億人，位居全球各國首位，約佔世界老年人口總量的 24.3%[87]，是世界老年大國。而根據相關數據預測，中國在未來數十年內的老齡化程度將進一步發展，老年撫養係數也將持續增加，2030 年前後中國老年人口撫養比將達到 25% 左右，到 2045 年前後開始超過發達國家水平，並繼續長期高於世界平均水平，如下圖。

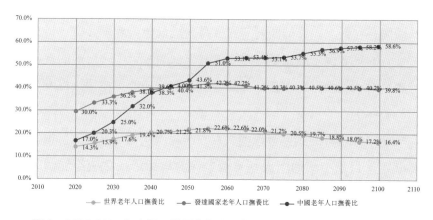

圖 2：2020-2100 年中國、世界老年人口撫養比（65+/15-64）變化預測[88]

---

87 翟振武、陳佳鞠、李龍 . 中國人口老齡化的大趨勢、新特點及相應養老政策 [J].
　　山東大學學報（哲學社會科學版），2016(03): 27-35
88 《2019 年墨爾本美世全球養老金指數》

老年人口的增加意味着養老負擔的進一步加重，中國的養老保險體系將面臨不少困難。第一，以第一支柱養老金為主體，制度性養老保障尚未完善。而家庭的養老功能隨着家庭結構的核心化與子代生活壓力的進一步攀升而難以發揮，家庭的兜底功能在消費社會中進一步弱化。另外，在農村地區耕地的養老保障功能也在快速下降，耕地的養老價值從 1986 年的 550.9 元 / 年降至 2015 年的 150.37 元 / 年，總體下降約 72%。同時，中國農民的人均基本養老需求從 247 元 / 年上升 1348 元 / 年[89]。這樣的現狀對中國目前的養老保險體系提出兩點要求：一是從供需角度來看，老年人口及老年撫養比的增加，要求不斷增大保險體系的供給。因此，政府層面不斷完善政策促進第二和第三支柱的發展，引導公民自我儲蓄為未來養老作準備變得尤為必要。二是從養老金作為個體重要的養老資源的視角來看，需要進一步提升現有公共養老保險的養老保障功能。中國現有的基於繳費的養老保險模式，難以解決養老金收入在不同羣體間存在較大差異的問題。尤其是對於低收入羣體而言，具有公共性質的養老保險體系是其重要的養老保障，可中國目前的養老保險體系對他們而言難以起到保障底線養老的功能，在很大程度上只處於確保生存的水平。

第二，現有的制度管理模式存在統籌層次低，管理碎片化等諸多問題。目前中國的兩大基本養老保險均採用社會統籌加個人賬戶的籌資模式，這是一種將公平與效率融合在一起的制度安排。可是社會保障制度的管理實施的是「國家統一決策與分級管理相結

---

89 王亞輝，李秀彬，辛良杰. 近 30 年來耕地養老保障功能的時空演變及政策啟示 [J]. 地理研究，2020(04): 956-969

合」的模式。中央政府負責總體的方針政策的制定，但基金的徵繳管理和待遇的計發報銷則由地方政府負責。因而，除了城鎮職工基本養老保險之外，縣市級政府作為其他保險種類的主要統籌核算單位。[90] 這意味着社會福利的統籌與支付水平與地方財政情況緊密相關。這樣的管理模式對政府的管理和個人的保險流動均具有一定的困境。對於那些財政壓力較大的地區，容易用個人賬戶的資金來支付社會統籌賬戶支出，造成個人賬戶資金的透支，形成空賬，難以增值和保值。另外，對於個人而言，社會統籌部分的社保無法進行跨區域轉移，造成制度性流失。

第三，基本養老保險基金的市場化運營程度低，規模小，難以增值。儘管中國在 2000 年便成立全國社會保障基金理事會來投資運營中國的養老儲備基金。據統計在該期間內投資運營的養老金收益率大於同期通貨膨脹率，確實有力的促進了基金的保值和增值。可是，截至 2019 年第三季度，全國僅有 18 個省份與全國社保基金理事會簽訂了基本養老委託投資合同，而合同簽署金額只佔 2018 年底結餘規模的 19.02%，到賬運營規模佔結餘規模的 15.73%[91]。這意味着還有大規模的養老保險基金停留在地方尚未投資運營，存在隱形貶值的風險。以國際社會的經驗來看，合理積極的投資運營養老保險基金，是盤活養老基金，避免基金貶值、促進其增值的重要方式。

90　岳經綸、方珂. 福利距離、地域正義與中國社會福利的平衡發展 [J]. 探索與爭鳴，2020(06): 85-96
91　《2019 年墨爾本美世全球養老金指數》

（三）未來改進方向

　　歷史上的中國有獨特的恩德文化來維繫國家與個體之間的關係，進而形成一種互相包容與容納的國家與社會關係。即使在近代以來的現代化轉型進程中，民眾的這種理念依然伴隨着國家的社會主義實驗與經濟改革進程延續下來。社會福利體制來源於西方，與他們進行對比就會發現在社會政策的生成邏輯中，中國在某種程度上是與西方國家顛倒的。西方國家的社會政策是國家工業化發展之後對社會自身進行的回饋與補償，而中國的社會政策在初始階段是為了國家的工業化目標而犧牲社會自身的利益和承擔了社會兜底的責任。因此，在某種程度上可以將二者歸納為國家導向型社會政策與社會導向型社會政策形態。在進入市場經濟的消費社會之後，運用制度化的手段保護社會成為全世界共有的意識形態與面對的社會政策議題。只是在這個進程當中，中國尚處於起始階段。從這個階段來看，中國的社會政策形態並沒有本質性的獨特之處，需要的是不斷借鑒國際經驗來完善自己的社會政策體系。

　　就養老保險體系而言，未來仍需從公平與效率兩方面着手。就公平而言，需要做實零支柱體系。零支柱養老金制度是一種無需繳費的公共養老制度，體現的是完全的政府的責任。目前在中國的養老保險體系當中，發揮該功能的是城鄉基本養老保險，可與瑞典、日本等國家相比，中國政府的底線保障責任仍需進一步提升。也許未來可以將城鄉養老保險體系重新定位為零支柱養老保險。就效率而言，需要發展與完善第二與第三支柱的養老保險體系。第二與第三支柱的養老保險體系，作為第一支柱養老保險的重要補充內容，不僅能夠拓展和擴大養老保險成本的分擔主體，實現國家、單位和

個人共擔養老責任。對於發展第二支柱的企業年金與職業年金，可借鑒英國的「自動納入」計劃。發展第三支柱的養老保險體系，可以解決自主就業人員的補充保障問題，因為這部分群體難以被企業覆蓋，無法享受企業年金和職業年金等第二支柱的保障體系，而且能夠激發民眾個人的積極性。完善養老保險的多支柱體系，是應對多樣化就業方式對多元化養老制度需求的重要方式。在不同體系的融通性管理方面，可以採取將第一支柱中的個人賬戶與第三支柱的賬戶相結合的方式，做實個人賬戶養老基金的積累。